销售中的8堂口才课

程浩南 著

SPM
南方出版传媒
广东经济出版社
—广州—

图书在版编目（CIP）数据

销售中的8堂口才课 / 程浩南著. —广州：广东经济出版社，2020. 10
ISBN 978-7-5454-7372-8

Ⅰ. ①销…　Ⅱ. ①程…　Ⅲ. ①销售—口才学　Ⅳ. ①F713.3②H019

中国版本图书馆CIP数据核字（2020）第176822号

责任编辑：蒋先润
责任技编：陆俊帆

销售中的8堂口才课
XIAOSHOU ZHONG DE 8 TANG KOUCAIKE

出版人	李　鹏
出　版 发　行	广东经济出版社（广州市环市东路水荫路11号11～12楼）
经　销	全国新华书店
印　刷	广东海洋印刷有限公司 （佛山市南海区里水镇和桂工业园A区和安南路1号F栋1-2楼）
开　本	730毫米×1020毫米　1/16
印　张	16
字　数	199千字
版　次	2020年10月第1版
印　次	2020年10月第1次
书　号	ISBN 978-7-5454-7372-8
定　价	45.00元

图书营销中心地址：广州市环市东路水荫路 11 号 11 楼
电话：（020）87393830　邮政编码：510075
如发现印装质量问题，影响阅读，请与本社联系
广东经济出版社常年法律顾问：胡志海律师

前言

PREFACE

会说话的销售员业绩不会差

众所周知，销售员是“靠嘴巴吃饭的”，开口说话是说服客户、成交订单、获得业绩的前提条件。

在现实销售工作中，有的销售员在向客户推荐产品时往往长篇大论，一如开闸的洪水般滔滔不绝，而客户的反应则是避之不及，再看该销售员的业绩，更是惨淡异常。再反观那些销售精英，他们三言两语就能四两拨千斤，句句说到点子上、客户的心上，轻松说服客户购买产品，销售业绩直线上升，同时与他们接触的客户中，很多人甚至成了他们的“忠实粉丝”，长久与他们进行合作。

这其中的关键点在哪儿呢？其实答案很简单：两类人说话的技巧不一样。

会说话是一种重要的能力。在销售界，只有敢说、会说，才能获得业绩。要知道，客户都喜欢与懂自己的、会聊天的、大方有风度的销售员谈话、接触；相反，那些前言不搭后语、说话毫无逻辑、只顾用推销语言堆砌的销售员，是很难让客户产生好印象和信服的。

戴尔·卡耐基说：“将自己的热忱与经验融入谈话中，是打动人的速简方法，也是必然要件。如果你对自己的话不感兴趣，怎能期望他人感动？”只有把话说到客户的心里去，才能让客户为你驻足，才能让客户购买你的产品。

业绩好的销售员都是会说话的人，他能迅速地判断出眼前的客户的需求、爱好，进而在交流中有效消除客户对推销的排斥心理，使客户更愿意将自己的想法说给他听。

本书创作的初衷就是提供切实有效的技巧，帮助读者成为会说话的销售员，提升销售业绩。在结构上，根据销售流程本书共分为三个部分：销售信念部分、销售开场部分和销售成交部分。

销售信念部分：第1章。

第1章从信念角度坚定销售员的思想和观念。不少销售员常把业绩差的原因归结为自己没天赋或是能力不强，进而自怨自艾，当一天和尚撞一天钟。事实上，如果你能坚定地相信自己并转换思维、做出努力，就可以取得突破。对于销售员来说，具备坚定且强大的信念是非常重要的。

销售开场部分：第2—4章。

销售开场是否精彩直接决定客户接下来是否愿意与你进行深度沟通。这一部分从周密准备开始到如何提炼卖点，再到热情开场，覆盖了第2章、第3章和第4章的内容，3个章节环环相扣，紧密联系。所谓“台上一分钟，台下十年功”，销售员如何在短短的1分钟时间内，先声夺人，抓住客户的视线，引导客户为你驻足停留，相信与你交流是有价值、有收获的，将对接下来的销售工作产生重要影响。这一部分，我们介绍了很多实用的经验、技巧和方法，指导销售员如何说、怎么说到重点、怎么说让客户愉悦、怎么做能塑造良好的形象，打一场漂亮的开局仗。

销售成交部分：第5—8章。

这一部分覆盖了第5章、第6章、第7章和第8章的内容，4个章节之间既相互独立又彼此联系，具体介绍如何讲一个好故事、如何做到有效提问、如何做到快速成交、如何做好收尾工作。每一章都干货满满，介绍的经验与方法具有现实操作意义，上手快、易操作、效果好。

如果你是一名普通销售员，很想提升自己的业绩却苦于找不到有效且系统的方法与技巧，那么本书能为你提供扎实的相关知识；如果你已然是一名销售主管，你也可查阅这本书，有选择性地补充自己的知识库。

这里我们需要强调的一点就是，没有谁天生就是会说话的销售精英，销售精英的好口才是不断强化训练的结果。他们付出很多的努力和心血去练习、精进，直至让自己的口头表达达到完善的语言艺术的程度。他们在与客户对话时，会认真揣摩客户的心理，绞尽脑汁地选择语言，以达到将话语说到客户心里去的目的。这不是一朝一夕就能练就的，需要销售员坚定信念，并坚持不懈地付出努力。

本书集通俗易懂、拿来就能用的理论知识和有趣、生活化的场景案例、成功经验于一体，具有很强的指导性和趣味性，适合销售员在实际销售中灵活应用，以达到理论指导实践的目的，相信读者朋友们一定会有所收获。同时，希望读者朋友们在阅读本书时，能够举一反三，让书中的技巧发挥出更大的价值。

目 录

CONTENTS

序　章

瞬间说服客户的三个关键

01 关键1：对客户有价值的才是卖点

产品卖点是产品具备的前所未有、别出心裁抑或与众不同的特色、特点，用三个字总结就是“奇、特、新”。但这并不意味着卖点越夸张越好、越奇特越好，卖点的建立必须有一个根基。这个根基就是：这个卖点对客户来说是有价值的。

销售精英为何能够在瞬间就说服客户购买产品？因为他们知道对客户有价值的才是卖点，进而以此为根基来定位卖点。相反，不少业绩不好的销售员在销售产品时，总是将卖点定得华而不实，并不能真正地根据客户的需求来定位卖点。

不同的客户对产品的需求不同，因此对产品所定义的“价值”也会有所不同。例如，面对同一件大衣，有人购买大衣是出于美感考虑，而有些人购买是出于保暖或其他原因。所以，销售员在定位自家产品的卖点时，要抓住目标客户群体的需求，了解自己的产品对目标客户群体来说，什么才是最有价值的。

具体来说，对客户有价值的卖点有两大类：解决客户的痛点和满足客户的期待。

（1）解决客户的痛点

对客户有价值的才是卖点，那么什么才是对客户有价值的呢？其一就是产品能够解决客户的痛点，引导客户产生此产品能够解决自己痛点的意识，让客户知道产品能够解决自己的问题。

> 海飞丝的产品卖点是“去屑实力派，当然海飞丝”。这个卖点抓住的就是消费者深受头皮屑困扰的痛点，从而暗示客户：如果你深受头皮屑困扰，可以使用这款洗发水。以解决客户的痛点作为卖点，更容易抓住客户的心。

销售员如何根据客户的痛点去定位产品的卖点呢?

第一步，挖掘目标客户的痛点。

销售员可以根据自家产品的属性和特征通过自我提问挖掘目标客户的痛点。

什么症状或痛点会让我们的客户产生需要?

在什么情况下会产生需要?

产生需要的最关键的痛点是什么?

我们产品的哪一点会让客户难以割舍，觉得一定会解决自己的问题?

客户购买产品能够解决什么问题?效果明显吗?

我们的产品能够给客户带来什么好的效果?

第二步，发掘产品中能够解决目标客户痛点的优势。

例如，客户购买减肥产品，是想要通过产品实现瘦身，让自己拥有曼妙的身材。因此，这其中最重要或最明显的价值点就是能够让客户瘦身。因此，减肥产品的卖点可以定位在产品是如何帮助客户达到想要的减肥效果的。比如，某品牌减肥药的卖点是“随餐一粒，轻松减肥”，简单四个字就点明了该产品“方便、有效”的特点，击中想要方便瘦身的客户的需求。

此外，销售员还要了解产品本身其他的、附加的价值点。就像上面举的客户购买减肥产品的案例，如果客户不仅想要瘦，还想要健康，这时销售员将产品定位在“瘦身+健康”，会更能一击即中客户的心。

（2）满足客户的期待

除了解决客户的痛点外，满足客户的期待同样对客户也是有价值的。这里的期待包括客户美好的愿望、客户想要达成的目标等。

某品牌音乐手机的一则广告中，清纯美丽的女大学生在校园中奔跑，急着去参加学长的毕业聚会。这时琴房里出现两名英俊少年正在与同学们一起狂欢。女孩到达琴房的瞬间，琴房突然安静了，只有该品牌手机在播放歌曲，三个人相视而笑。这时出现广告语：“留住最真的。”

该品牌手机的广告通过场景的展现满足了年轻受众的美好期待：一份阳光、清新、纯正的爱情或友情。对手机产品怀着这份期待的目标客户看过这则广告之后会很容易被打动，进而购买该品牌手机。

所以，许多客户购买产品不只是为了解决痛点，还会出于对美的享受、对美好生活的期待、追求美好的情感等原因作出购买决定。

因此，销售员在展现产品卖点时，除了强调能够解决客户痛点外，强调能够满足客户的期待也非常重要。举个例子，销售员推销的是一款白头翁挂件，向客户推荐时强调“愿得一人心，白首不相离”，一个简单的挂件就被寄托了无限美好的愿望。如果客户恰恰有这样的期待，就会为了满足期待而购买产品。

总之，销售员在定位产品卖点时，要明白对客户有价值的才是卖点，具体来说就是产品如何定位才能抓住客户的痛点或满足客户的美好期待。这是销售员需要花费时间和精力去慎重考虑的。

销售工作 Keys

对客户有价值的才是卖点，才能吸引客户驻足。

02 关键2：人人都爱听故事，不爱听道理

不少销售员在推销过程中，总是喜欢说诸多的道理给客户听。事实上，这种行为正在无形地阻碍其销售的步伐。

一是客户并没有那么多的时间和耐心去听你说道理，说得再多也无济于事。

二是当你跟客户讲道理的时候，你无形中就把自己放到了一个高的位置，以“懂得多”的姿态向客户灌输你的想法，而你的想法从客户的角度来看，可能是一种毫无意义的主张。

三是一般道理都是向销售员自身和产品倾斜的，并不能很好地指向客户的内心。

顶尖销售员都明白：人人都爱听故事，不爱听道理。他们在向客户推销时，会把重点放在讲故事上，而不是讲道理上。即便是要讲道理，也会把道理放在故事中，达到“四两拨千斤”的效果，让客户自己去领会，去自我说服。

（1）故事比道理更能吸引客户的兴趣

人们都是爱听故事的，无论是孩子、大人还是老人。故事一般内容丰富，有人物、地点、场景、发生了什么事情、事情的发展过程、故事的结局等，这些都能够极大地引起客户的兴趣。

当然，并不是所有的故事都适合在销售中讲。销售员在讲故事时，要注意以下三点。

故事是关联产品的。销售员所讲的故事要和产品有关联，即便关系不是很明显、直接，也要有千丝万缕的联系。否则，故事再精彩，不能帮助你实现成交也是无用的。

故事是有目的的。销售员所讲的故事是要为销售过程中的某种目的服务的。例如，销售员在销售开场所讲的故事有两个目的：一是引起客户的兴趣；二是为接下来的推销做准备。所以，在销售过程中故事的出现都要经过精心设计，且是为了实现最终的成交而服务的，而不是随心所欲地想到一个故事就拿出来讲。

故事是有价值的。销售员讲出的故事要有价值，不要浪费客户的时间和精力。故事的价值可以从产品、客户、自身上挖掘。更进一步来说，销售员讲述的故事要能让客户从中得到经验或教训，或者学习到一些有用的知识，而不是花费时间听你讲述一本口水账。

（2）多角度诠释

故事能够从不同角度阐述，留给客户意会的空间。具体来说，销售员诠释的故事要灵活生动、新鲜有趣、内容多变。

灵活生动。销售员所讲述的故事要灵活，而不是像大道理一样生硬、严肃，充满说教的意味。故事要依据现实的销售场景、目标客户的特点、产品的特征等，做出灵活的改变。或者当现场出现一些“小意外”时，销售员能够想出一个故事来补救尴尬的场面。

新鲜有趣。销售员讲出的故事不要一成不变，或老生常谈，这些对客户来说都是“老掉牙”的，并不能引起他们的兴趣。销售员可以多准备一些有趣、幽默、最近发生的小故事，让客户有新鲜感。

内容多变。多角度去阐释故事可以试着挖掘有关产品的不同内容，如产品研发团队的光辉历史、创始人的故事、产品的文化背景等。

（3）引起共鸣

故事还有一个显而易见的好处，就是能够引起客户的共鸣，能够给人情感慰藉，这样客户更容易被产品打动。销售员讲故事而不去讲道理的目的在于通过故事让客户从中了解销售员的愿望、产品设计的初衷、产品诞生的过程等，进而引起客户的共鸣。

关联客户的情感期待。要想通过讲故事引起客户共鸣，就要让故事与客户产生情感关联，而不是让客户觉得“你说的故事确实很感人，可是跟我有什么关系呢”，如果让客户产生这样的感受，那么这个故事就是失败的。销售员在故事里要传递出“当你使用了……产品，你也会享受到这种……美妙的体验”等信息。具体来说，故事要根据目标受众的年龄、性别、职业进行定位，会更易戳中客户的心，满足他的情感期待。

关联客户的美好生活追求。销售员讲出的故事，如果能够关联客户的美好生活追求，就能够引起客户极大的共鸣，而这份共鸣会使客户对产品产生好感，形成需要。例如，销售员销售的是化妆品，所讲述的故事是一个女孩子因长相不出众而内心自卑，后来使用该化妆品使她变得自信。这就满足了一些外表普通的女孩对变得更美的追求。

故事比道理听着更入耳入心，销售员要想瞬间说服客户，就要善于讲故事而不是讲道理。

销售工作 Keys

故事比道理更易深入客户内心，从而打动客户。

03 关键3：安抚情绪是第一位的

在销售工作中，客户因为对产品心存疑惑、不解、抱怨等而情绪不佳时，一般销售员总是会急着为自己的产品说话，而不顾及客户的情绪，结果客户越来越生气，中断了交流。

销售精英在面对争议或问题时，第一时间处理的往往是客户的情绪。因为他们明白当自己抚平了客户的情绪后，最困难的事情就已经完成了大半。

情绪只是一个人一时甚至一瞬间的状态，但是当对方不能很好地找到自己情绪的出口时，坏情绪会被放大，进而引出更多的矛盾。

当销售员将焦点放在安抚客户的情绪上，说明销售员已经抱着同理心去体会客户的心情以及了解客户对此件事情的看法，能够先行稳定客户的情绪，让事态朝着一个好的方向发展。

（1）站在对方的立场上

当销售员能够关注客户的情绪，而不是急着为自己的产品或利益说话时，能够在第一时间使客户产生这样的感受：对方人不错，还能照顾我的情绪，那我还是“好好说话”吧，表达好自己的立场和想法就好。当双方都能建立起平和的心态，事情处理起来就要顺利平滑得多。

如果客户说：“我觉得你们的产品……”（负面评价）销售员首先不要急着反驳客户的话语；相反，要站在客户的立场上：“我相信您这样说肯定有您的理由和想法，我能问一下，为什么您有这样的看法呢？”

如果客户说：“我就是因为使用了你们的……产品才会出现……”（负面情绪）销售员要先安抚客户的情绪：“出现这样的情况，我们也是非常不愿意看到的。现在我们坐下来好好聊一聊，为什么会出现这样的情况……”无论说什么，都一定不要再招致客户的不满了。

即便客户所说的事情与事实不符，销售员也要先安抚客户的情绪，这是建立良好、真诚、有效沟通的基础。

（2）使用积极的肢体动作

心理学认为，正确使用肢体语言是促进交流的一个辅助手段。对于大多数人来说，恰当运用肢体语言是营造积极沟通氛围的一个关键。因为对方能够从你积极的肢体动作中，感受到自己是受欢迎的、受期待的、被友好尊重的，进而以同样积极的状态进行回应。

表情。表情要温和、具有亲和力，展现出自己的耐心和真诚，而不是向对方展示程序化的微笑、不耐烦的眼神或不屑的嘴角。

肢体动作。销售员不要呈现出抱着胳膊，一副“拒人千里之外”的姿态，而是要稍稍俯下身子，表示自己的亲和友好；靠近客户，但是也不要给客户造成心理压迫；给客户倒一杯水或递上一把椅子等，展现出自己积极包容的心态，消解客户心头的火气。

（3）使用积极有效的话术

在遇到客户不理解、双方出现争议的情况下，销售员先安抚客户的情绪，看似是一种委屈自己的行为，其实销售员在帮客户说话的瞬间也是在帮自己说话。在你理解客户的那一刻，你就已经初步赢得了客户的心，让客户愿意对你放下心结，消除不满的情绪。

销售工作 Tips

说服客户情绪的话术

“您有什么疑问尽管对我说，我就是来帮助您解决问题的……”

“如果我是您，在那样的情况下，我也是很生气的……”

“您愿意坐下来和我好好聊一聊吗，我是真的很想帮助您……”

“都是我们不好，让您有些情绪……”

“有什么是我现在立马能做的、能让您不这么生气的事情呢？”

“您先喝杯水，消消气，然后我们再好好说说，行吗？”

销售工作 Keys

客户情绪的好坏决定你是否有机会和客户进行深度沟通。

第1章

坚定信念：销售员一定要相信自己

01 坚定地相信比能力更重要

哈佛大学一项研究表明：一个人能否成功实现目标，85%的原因取决于他在逆境或者顺境中能否保持坚定不移的信念，而只有15%的原因取决于他的智力和其他因素。

不少销售员常常不战自溃，还没开始推销就选择了退缩，觉得自己无法克服内心的弱点，害怕露怯、失败、被拒绝。究其根源就在于销售员内心缺乏信念感，不能做到坚定地相信自己能够做好销售。

坚定地相信比能力更重要，会让人们克服很多隐形的困难和现实的障碍。因此，销售员在推销之前要从自我限制中破框而出，转变信念，克服恐惧和软弱。

（1）将“我不行”变为“我一定可以”

很多销售员在展开推销工作之前总是在内心暗示自己：“我不行”“我一定说不好”“这次演讲我肯定会紧张，紧张就会失败”……这时销售员一定要转变信念，坚定地相信“我一定可以”。

销售工作 Tips

“我一定可以”的信念

我一定可以做到侃侃而谈。

我一定可以做到落落大方。

我一定可以克服内心的羞怯，客户都有可能成为我的合作伙伴。

我一定可以做到收放自如，这是我的专业，我相信我能做好它。

我一定可以让自己的销售打动人心，因为我是真诚地想要去解决客户的问题的。

我一定可以做到面带笑容，轻松自如。

（2）将“应该如此”变为“我能做出更多的努力”

在销售过程中，一般销售员会将客户的抗拒、拒绝、排斥看成“事实就是如此”“我也没有什么办法”“我无法解决这个难题”。这些想法都会消磨销售员推销的志气和勇气。所以，销售员要克服“不作为”“无法作为”的心态，相信“我还有更好的解决办法”。

销售工作 Tips

“我能做出更多的努力”的信念

任何问题都有它发生的理由，我要接受，而不是逃避，我相信任何举动都比“不作为”的效果要好。

困难像弹簧，你弱它就强，你强它就弱。

我不相信有克服不了的苦难，我不相信有战胜不了的难题，我不相信有完成不了的销售任务。

困难不会因为我的惧怕就消失不见；相反，只要我积极寻找办法，就会改善情况，结果也都不算太坏。

客户是我的伙伴，是能够为我带来利益的人，而不是我人生快乐的主宰者，我也不能向客户传导我的自卑和怯懦。

（3）将“客户一定会拒绝我”变为“我一定能够说服客户”

客户的抗拒往往表现为质疑、推托、拒绝。销售员在销售过程中接收到这些信号，难免会消磨说服的勇气和欲望，觉得接下来多说也无益，无法改变对方的观念和想法。恰恰相反，会说话的销售员往往把客户的抗拒看成了解客户的好机会，因此要正确认识并理解客户的抗拒。

销售工作 Tips

“我一定能够说服客户”的信念

客户的拒绝是正常的，因为我还没有充分说服他，但我相信我能说服他。

客户的抗拒是有价值的，我相信我能从客户的抗拒中找到有用的、促进销售的信息。

客户拒绝我是对我的考验，是我能力提升的好机会，我相信我会改变客户对我的看法。

客户的抗拒是一种情绪的表达，我相信我能读懂客户的情绪，用我的热情和真诚感染他。

（4）将“没有办法”变为“凡事总有三个解决办法”

我们看待一件事情的方式，决定着我们如何处理这件事情。如果销售员把销售中出现的一切问题看成“没有办法”的事情，那么销售员在销售中也就难以集中火力排解困难，成功说服客户。相反，如果销售员将“没有办法”的思想转变为“凡事总有三个解决办法”，凡事会多了很多的出口。

销售工作 Tips

“凡事总有三个解决办法”的信念

困难都是能克服的，我相信我能做得更好。

一切都在我的预料之中，没有什么是解决不了的。

我相信我能找到更好的解决办法，我会调整我的心态，做出更大的努力。

（5）将“没有人愿意听我说话”变成“我是自己的偶像”

不少销售员常常说不上两句话就被客户以“谢谢，我不需要”“不用再给我介绍了”等方式终结交流。时间久了，销售员会心生沮丧，质疑自己“没有人愿意听我说话”，进而失去信心。

心理学家指出，人的行为是受到信念所支配的，你想要做出什么样的成绩，关键在于你的信念。因此，销售员要坚定地相信："我就是自己的偶像""我就是自己的榜样"。

销售工作 Tips

"我是自己的偶像"的信念

当我能成功解决客户的难题，推荐他们需要的产品时，我就能收获他们的真诚。

我相信自己的潜力和付出，我能成为自己的榜样。

我会成为自己理想中的样子，坚信自己会成为销售精英。

我能决定自己的状态和表现，这一切都是从我内心出发的，我要忠实于自己。

我唯一需要战胜的就是恐惧本身，我是我自己的偶像。

坚定地相信比能力更重要。如果意识上开始懈怠、放弃，能力也就不能全然地发挥出来。相反，如果思想积极坚定，相信自己将战胜一切，就会心生信心和勇气去克服销售中的困难。

销售工作 Keys

当你相信自己的时候，最困难的部分就已经完成了。

02 决心是一切努力的开始

销售员之所以在销售工作中难以突破或打开局面，往往是因为他还没能下定决心，所以心生困惑和犹豫，迟迟没有行动力。事实上，销售员下定决心的瞬间，就已经踏上了前行的道路，接下来要做的就是努力，不断地努力。

销售员李洋在销售时有一个毛病，就是说辞过于平淡，难以吸引客户的注意力。推销不到两三分钟的时间，客户就觉得枯燥乏味，不愿再沟通下去。

李洋觉得自己不能再这样继续下去了，下定决心要改变自己在推销过程中说辞过于平淡的毛病。于是，他开始有意识地在自己的销售工作中做出更多的努力。比如，变化自己的声调，表情也变得更灵活生动，经常还会串讲一些自己有趣的经历来吸引客户。

经过这些改变之后，李洋的销售业绩得到了明显提升。有一个客户还向李洋反馈说："听你说话很有意思，也很有收获，你推销的产品又刚好是我需要的，我当然愿意从你这里购买。"

为什么李洋的业绩和客户评价前后出现了巨大的转变？关键在于李洋下定决心克服自己在做销售工作时展现出来的缺点，即推销过程中说辞平淡无奇、枯燥乏味等。当他下定决心改变时，也就有了转机。

（1）改变心态

销售员下定决心时，要做的第一件事情就是改变心态，要一扫之前不具有正能量的行事风格和思维方式。一方面销售员要回顾自己过去的销售经历，并从中寻找一些启示，如改变自己之前对待销售工作的消极态度等；另一方面要思考下定决心完成××目标的意义，从中得到勇气和激励，树立积极的心态。

销售工作 Tips

下决心时要树立积极的心态

我要对销售充满信心，不要总是有会失败的念头。

我要告别过去拖拖拉拉、犹豫不决、没有进取心的行为，要为更高的目标而努力。

我要积极行动，而不是待在原地自怨自艾。

我要“言必行，行必果”，而不是喊喊口号而已。

（2）确定目标

明确的目标会帮助销售员下定决心。确定目标的关键在于销售员要先明白自己为什么事情而下定决心。具体要做好以下两步：

第一步，思考自己想要达到什么样的目标。例如，克服自己语速过快、推销没条理、说服没要点、与客户没有建立信任关系等毛病。明确目标后你才有努力的方向。

第二步，确定自己能为实现目标做出哪些努力。例如，销售员下定决心要提高自己的业绩，此时销售员就要思考自己哪些行为能有效促进业绩提高。学习销售精英的成功经验？多看销售书籍？多请教同事和上司？等等。这些都是有助于业绩提高的行为，但每个人可以做出的努力程度又会不同。有的人平常就一直在看销售类的书籍，但由于实践经验不足，经常会出现“纸上谈兵”的情况，那么他要做的重点努力就是跟销售精英、同事、上司学习成功经验。还有的人每天都跟着上司去拜访客户却感觉自己一无所获，那就要配合阅读销售类的书籍来提升自己的理论水平。所以，在确定自己为达成目标要做出哪些努力的时候，一定要结合自己的实际情况，为需要做出努力的行为作一下排序：非常重要的、重要的、不太重要的，然后从非常重要的努力开始做起。

（3）语言激励

销售员要使用积极向上的语言写下自己的目标，放在自己容易看见的地方，如办公桌上、手机壁纸上、床头柜上，要时时审视自己，激励自己。或者直接把自己的目标写在纸上，放在钱包里，并带在身上，以确保自己能随时随地地看见自己决心要完成的事情。

例如，“我肯定会成为一名出色的销售精英，因为这是我的梦想。”“每天都是新的一天，为完成……目标而充满精彩的一天。”“我相信我比昨天做得更好，能更好地与客户互动，感染客户。”等。

（4）外部监督

下定决心除了靠内心警醒之外，还需要靠外部监督。外部监督有助于督促你必须做出改变，以不辜负他人的期许。

> 销售员李洋下定决心要突破自己的销售业绩，为了能够借助外界的力量逼自己一把，他和公司签下了“军令状”：如果李洋在3个月之内不能完成50万元的销售业绩，就要扣除一个月的工资作为惩罚。李洋在签下“军令状”的刹那，更加坚定了自己要完成50万元销售业绩的决心。

李洋为什么要和公司签下“军令状”？原因就在于李洋希望通过外部监督来督促自己做出达成目标的努力。除了以签“军令状”的形式进行外部监督，销售员还可以将自己的决心分享给朋友、同事、家人听，通过第三方监督来帮助自己下定决心。例如，销售员将自己要成为一名销售精英的决心，告诉自己的同事，让同事监督自己，如果同事看见自己有消极懈怠的表现，可以及时地指正自己。

决心是一切努力的开始，如果你迟迟下不定决心，努力就没有落脚点。因此，要想在销售业绩上有所突破，销售员需要及早下定决心，做出努力，方能收获满满。

销售工作 Keys

决心就是力量，能够战胜很多困难和障碍，创造新的奇迹。

03 销售的说服力源自热情

观察业绩斐然的销售精英，你会发现一个很明显却又很容易被忽略的事实：他们能以热情贯穿销售的全过程。在这种热情的感染下，他的客户也是精神饱满的、集中注意力的，希望获得更多的产品信息。

业绩一般的销售员则常常缺乏热情，在和客户沟通的过程中常常表现得生硬、别扭。根源就在于他把销售当成一个任务，无法全情地投入其中，自然也无法感染听他说话的客户。

销售员李洋总是觉得自己说服口才不行，于是去请教销售业绩最好的同事王明。

王明挠挠头，一时不知道从何说起，也不知道自己的建议对李洋是否有实际作用，想了想问道："你觉得销售对你来说意味着什么？"

李洋想都没想就答道："就是一份为了挣口饭吃的职业吧，没有什么特别的。"

王明说："问题就出在这里。我把销售当成一项事业在热爱着，所以我每次做销售时都能保持激情，相信自己会成功拿下单子，所以我总是相信自己能说服客户。"

李洋点点头说："我赞同你的说法。我确实缺乏热情。我每次去跑单时，内心涌现出的不是期待而是厌烦，每次都是垂头丧气的。一看客户有不买产品或拒绝的苗头，我一下子就泄气了，更说不出什么说服客户的话语了。"

王明拍了拍李洋的肩膀说："如果你没有热情的话，你是说不了几句话的。"

王明为什么反复强调"热情"的重要性，因为销售的说服力源自热情。一个销售员若是对自己所从事的销售事业没有热情，就很难激发出一定的渴望去说服客户，只会抱着"当一天和尚撞一天钟"的心态去面对客户，自然难以取得高业绩。同时，热情不足，说服力也就不够；说服力不够，销售业绩惨淡；销售业绩惨淡，热情更不足了……如此，就形成了一个负循环。所以，带着热情去做销售是提高业绩首先要做的一步。

（1）内在动机和外在动机激励

销售员的说服力源自热情，而热情在很大程度上源自内在动机和外在动机的激励。

内在动机是个人因内在需要而引起的动机，它是受个人内在驱动的，不受外界的影响。内在动机提供了一股内在激励的力量，在没有外在奖赏和压力的情况下也可以激发行动。例如，为了增长见识而看书、希望改变自己的形体而学习瑜伽等，出发点和落脚点都是自己。

对于销售员来说，内在动机主要是指被销售工作本身的趣味和挑战所激发，进而表现出极大的热情。例如，成为销售冠军的自豪感、每成交一笔大单子的成就感、处理工作中遇到的各种问题的挑战，等等。这些内在动机能深度激发销售员的热情，让销售员在销售工作中做出源源不断的努力。

外在动机是通过表扬、奖品、奖金、荣誉、压力等外在因素激发出一个人的需求的动机。对于销售员来说，外在动机包括销售员维持日常生活的工资、每完成一笔单子所获得的提成、完不成业绩有可能被淘汰的压力等，这些外在动机也能激发销售员的工作热情。

王明当初选择销售这份工作，正是因为每成交一笔单子他就能从中拿到一笔可观的提成。赚钱的热情促使他在销售中有使不完的劲儿、说不完的话。也正是因为王明拥有这种倾注了热情的说服力，他的业绩一直很好。随着客户量的增加，收入越来越高，王明的销售热情更大了……

案例中的王明正是受到外在动机（赚钱）的驱动激发了强大的工作热情。然而，和内在动机的稳定性、持久性相比，外在动机具有明显的速效性、短时性和被动性。一个为了享受“拿下订单那一刻的成就感”的销售员，只要拿下订单就会产生工作热情。但是，一个为了得到“高提成”的销售员一旦遇到“公司政策变动导致提成降低”“业绩不好导致提成较少”等情况，就会瞬间丧失对工作的热情。

所以，真正想要销售工作获得长久、良好发展的销售员，应懂得把外在动机内化，利用外部的表扬、奖金、压力等刺激强化自己对销售工作的兴趣和对销售行为的控制，最终在销售工作中产生愉悦感和自我满足感，保持长久的工作热情。

（2）外在语言激励

销售员要积极借用语言的力量来激发自己的热情，让自己的每一场销售都从内而外地散发热情。

口号法：销售员可以使用口号来激发自己的热情，如在卧室的镜子上贴上“今天又是热情满满的一天”“我的热情是创造一切的燃料”“热情创造业绩”等便利贴，让自己每天早上醒来就能看见能量满满的口号，点燃自己一天的工作热情。

招呼法：每天早上去公司的时候，销售员要和同事热情地打招呼，如“早上好”“你今天气色真好”等，来点燃自己一天的热情。在正式开始销售工作前，销售员也要有意识地与客户热情地打招呼：“很高兴见到您”“我刚才看见了一条很有意思的新闻，给您讲讲吧……”“很高兴又见到您了，上次的产品用得怎么样呢”……在打招呼的时候，销售员要面带笑容，声音响亮并带有愉悦感，这样才能既激发自己的热情，又感染对方。

语言暗示法：销售员每次在推销前，都要有意识地在心里默读两遍充满热情的积极语言，提升自己的积极情绪，调动热情。例如，“我要充满热情，去感染我的客户”“我相信我会用热情点燃客户的需求”“热情是我最好的武器”“我要让我的热情给客户带来不一样的体验”“客户肯定想看到我热情满满的样子”……如果可以找到一个独属于自己的小空间，把这些积极的语言大声地喊出来，效果会更好！

销售的说服力源自热情。这就意味着销售员要不断地激发自己对销售工作的热情，既要靠内、外在动机驱动，同时也要借助外在语言激励。有时候，简单地对自己喊一句口号就能激发热情，从而做出更好的业绩。

销售工作 Keys

当你用热情点燃语言，你就能感染你的客户，实现成交。

04 突破恐惧，销售员一定要“敢讲”

不少销售员之所以难以在销售中打开局面，是因为内心无法突破恐惧，不敢讲。他们往往内心不自信，害怕讲错，害怕讲得不好，害怕客户的反应冷淡或拒绝等。他们会预设各种未知的、莫须有的尴尬和困境，被无形的恐惧所压制住。

会说话的销售精英其实也是从这种状态走过来的。他们在突破恐惧之前，也只是众多销售员中的普通一员。但当他们突破了恐惧，变得“敢讲”了，变得越来越自信，业绩也就越来越好了。

（1）积极的心理暗示

心理暗示有一种神奇的力量。如果你内心暗示自己“我不行”“我做不到”，那么这种心理暗示会反射到你的行为上，你就真的表现很差。相反，如果你在内心做积极的建设，暗示自己“我一定可以”“我能够做好这场销售”“我会帮助我的客户解决问题，让他发自内心地愿意购买我的产品”……你就会发现自己的声音没有想象中那么颤抖，心跳也没有想象中那么快。

在作积极的心理暗示前要做好以下工作：

放大优点。销售员的恐惧和“不敢讲”源于内心的不自信，他觉得自己无法胜任销售员这个角色，能力不行、业务不精。这时，销售员最需要做的就是要放大自己的优点来抵抗内心的不自信，赶走恐惧感。例如，“我虽然口才不是很好，但是嗓音好听、笑容真诚，一定会赢得客户的好感”“我虽然长得不是很帅气（靓丽），但是我的笑容足够真诚温暖”“虽然我没有足够的资历，但是我爱学习”等。

放松身体。内心的恐惧会给身体带来变化，如心跳加速、神经紧绷、手脚发抖等。放松身体能够帮助销售员转移身体上的压力。

销售工作Tips

放松身体的方法

通过深呼吸的方式可以缓解身体的焦虑和紧张——先深吸一口气，再慢慢呼出去。

稍做休息，打个小盹儿，眯着眼睛睡一小会儿，也能达到放松身体的目的。

沉思也能放松身体。在休息时间可以关闭手机和电脑，保持一个人的状态，并对今天发生的事进行思考。在思考的过程中，可以躺着、坐着、站着，按照自己舒服的方式进行。

不要把自己局限在某一个狭小的空间里，闭着眼睛想象自己在一片山林间，那里树木繁盛。你安静地感受来自大自然的安谧力量，以此放松身心。

怕什么就练什么。你恐惧什么就要直面什么，直到你战胜它。如果销售员害怕自己的口音引人发笑，就要练习好自己的普通话；如果害怕公众演说，就要多在公众面前说话等。当销售员能够正视恐惧，消除内心消极的、负面的心理暗示，就能成功地战胜恐惧。

（2）建立熟悉感

为什么我们不会在熟悉的人面前感到恐惧，并且能尽情地表达出我们想说的一切呢？因为彼此熟悉，不怕暴露出不完美的一面。因此，建立熟悉感也能帮助销售员突破恐惧，变得“敢讲”。

销售工作 Tips

改变客户的角色

伙伴：把客户看成自己的合作伙伴，是能够给自己带来利益的人，而不是陌生人。

朋友：把客户看成自己的朋友，是能够给自己带来帮助的人，彼此能够结成长久忠诚的合作，而不是一定会拒绝自己的人。

我们因为害怕与陌生人打交道而心生恐惧，因为我们把陌生人看成了会拒绝自己的人、会让自己尴尬的人。“敢说”的销售员会把陌生的客户看成自己的利益伙伴。他不会在自己和客户之间设一道屏障而加深自己的恐惧，而是为了完成更好的业绩而尽快与客户熟识起来。

（3）善用“五步脱困法”

“五步脱困法”是销售员转变信念，突破恐惧和不自信的有效方法。它能够帮助销售员甩掉负面的心理预设和内心的包袱，变消极为积极，进而更好地克服恐惧，获得成长。

销售工作Tips

五步脱困法

第一步，直面困境：我做不到××。

第二步，改写现状：到现在为止，我尚未做到××。

第三步，促成因果：因为我过去不懂得……所以到现在为止，我尚未做到××。

第四步，建立假设：当我去学……我便能做到××。

第五步，规划未来：我要去学……我将会做到××。

第一步，直面困境：我做不到××。

销售员首先要能直面困境和自己的问题，不要逃避问题，更不要轻易地定义自己。例如，销售员在推销时总是做不到轻松自如，常常因紧张而出现结巴、大脑空白的情况，因此内心更为怯懦。此时，销售员就需要直面自己的问题——“我做不到介绍产品时不结巴”。

第二步，改写现状：到现在为止，我尚未做到××。

销售员在直面自己的问题之后，就要改写自己所面临的现状，调整自己的状态，实现自我说服。例如，将“我做不到介绍产品时不结巴”变为“到现在为止，我尚未做到流畅地介绍产品”“我没有做到流畅地介绍产品，仅仅是我暂时还没有做到”等。销售员要深刻地认识到“我现在没有做到，不意味着我永远也做不到”。

第三步，促成因果：因为我过去不懂得……所以到现在为止，我尚未做到××。

改写现状之后，接下来销售员要建立因果关系，确定困境出现的原因是什么。这是展开行动的重要条件。例如，“因为我过去不懂得练习普通话，所以到现在为止，我还尚未做到流畅地介绍产品”。销售员把自己“尚未做到流畅地介绍产品”归咎为自己“不懂得练习普通话”，即把对“介绍产品时出现结巴、大脑空白”的无形的、漫天的恐惧具体到明确的可以通过行动改变的一个点上。

第四步，建立假设：当我去学……我便能做到××。

到这一步，销售员已经完全了解自己产生恐惧的深层原因，并尝试寻找有效的方法来应对。例如，“当我去学习普通话，我便能做到流畅地介绍产品”。此时“当”也更坚定了销售员的决心。这时销售员的心态也会发生变化，不会茫然无从，而是有了方向。

第五步，规划未来：我要去学……我将会做到××。

到了这一步，就是直接喊出行动的口号了。例如，“我要去学习普通话，我将会做到流畅地介绍产品”。此时“我要……”的表达方式已经暗示销售员迫不及待的心理，已经达到或恢复到“自己掌控自己思想和行为”的状态了，也就意味着销售员已经成功地突破了内心无形的恐惧。

销售工作 Keys

当你战胜恐惧，敢于讲话时，你就战胜了一切。

05 有学识的销售员才“能讲”

一名优秀的销售员不仅要“敢讲”，还要“能讲”。要达到“能讲”的级别，销售员就需要具备深厚的学识底蕴。

有些销售员在向客户推销的过程中来来回回就几句话，如“这产品真的好”“您不买真的是亏了”“这个产品物美价廉”等。这样枯燥的表达方式自然难以说服客户。

而有学识的销售精英向客户推销时，总是能侃侃而谈、收放自如。他会精准地将产品的特点和功能与客户的需求相联系，以渊博的知识、不俗的谈吐征服客户。

销售员要想做到“能讲”，必须要做到“肚子里有货”。为此，销售员可以通过阅读、参加培训、多多实践等方式提升自己的学识。

（1）阅读

不少销售员觉得读书是无用的，相信只有实践才能出真知。这是片面的看法，阅读也能获得真知。有学识的人都是爱学习、爱阅读的人，书籍不仅能给他带来精神上的引领，还能让他的表达言之有物，一开口就吸引到别人的注意力。跟一个爱读书的人交流，既是一种精神上的分享，又是一次学识上的碰撞，让人深深折服。

当然，对浩瀚书籍也要有所选择才能真正地提高一个人的学识。

对于销售员来说，要重点关注以下几类书籍。

销售书籍：“术业有专攻”，销售员要想在销售事业上获得突破，就要多多阅读有关销售的书籍，深入研究、领悟，增强自己的业务能力。

文学书籍：阅读文学书籍，可以锤炼销售员的语言，启发表达方式，提高语言表达能力和思考能力。

社科类书籍：社科类书籍就是社会科学范围内的书籍。例如，社会学、心理学、管理学和经济学等方面的书籍。阅读社科类书籍，能够帮助销售员扩大视野，提高系统思考能力，以捕捉客户内心更深层的意图和想法。

除了上面三大类书籍之外，如果时间和精力允许的话，销售员还要涉猎更多种类的书籍，汲取多方面、多层次的营养，全方位提升自身的内涵和学识。

值得一提的是，销售员在阅读的时候，一定要坚持独立思考，将书中的知识内化为自己的思维和能力，进而将这种积极的吸收带入实际销售中，让自己成为更会说话的销售员。

（2）参加培训

培训是一种有组织的知识传递、技能传递和信息传递行为。为了能够提高个人的业务能力和知识内蕴，销售员可以参加一些技能培训会。

传统的技能培训会都是线下的，几十或者几百、上千人聚集在一起，利用3—5天的时间进行封闭式学习。线下培训又分为外部公开课和企业内部培训两种。外部公开课的培训往往更系统、更专业，而企业内部培训则更有针对性、更倾向于经验分享。销售员可以根据自己的实际情况选择参加外部公开课的培训还是企业内部培训。

一般来说，线下培训的成本较高，需要花费大量的时间、金钱，但能及时向老师提问，和老师进行面对面的深度沟通，进而可以实现个性化的学习和提升。线下培训还有一个优势就是，可以和很多优秀的爱学习的同行成为同学，既能面对面交流经验和教训，又能方便同行间建立和谐、长久的关系。因此，有这些需求并且时间、金钱条件允许的销售员可选择线下培训的方式。

如果时间、金钱条件不允许，销售员又想低成本、碎片化地学习提升自己，就可以选择线上培训的方式。随着互联网科技的发展，线上培训模式也呈现出多样化，有视频、音频、社群在线学习、直播学习等方式。销售员可以根据自己的习惯、喜好选择适合自己的学习方式。

需要注意的是，无论是参加线下还是线上培训，都要尽量选择比较权威的平台和讲师，避免走弯路。

（3）多多实践

销售员还要通过与外界的交流和工作的实践来增加个人的学识。尤其是销售员从事销售这个需要与人打交道的职业，更是要保持与外界的沟通与互动。

具体来说，销售员在与客户交流时，一方面要耐心倾听，积极帮助客户解决问题；另一方面也要虚心学习客户身上的优点，包括客户为人处世的方式、看待事物的角度等。

在销售工作中，你遇到的问题越多越难，你能获得的成长和提升就越大。销售员对此要有深刻的理解，并把每一次销售都当成一次提升自己的机会。面对销售工作中的困难和问题时，要抱着学习的心态去努力克服，想办法解决。事后还要做好经验和教训的总结。

阅读提供理论知识，实践提高实战技能，培训则是“理论＋实战”的双重提升。对于想要提高自己学识的销售员来说，这三个方面的学习都是必不可少的，关键在于根据自己的实际情况做好规划，有所侧重。最重要的是，要把学习提升当成一生的事业，你才能永远拥有“能讲”的知识底蕴。

销售工作 Keys

“有学识”本身就是一种说服力。

06 放下自我，永怀敬畏之心

有些销售员在做销售工作时，难以放下自我，总觉得自己是整场销售的核心，自己在统领全场、引领客户，自视甚高。他们对销售职业没有一颗真诚、求索的心，抱着比客户更了解产品的心态，时常强烈地想要表现自我。当销售员抱着这种思维和意识去做销售工作时，是不可能获得成功的，因为没有人想要看你的“表演”。

反观成功的销售精英，你会发现他们敢于放下自我，对自己的职业、客户永怀一颗敬畏之心，报以真诚和尊重。他会把自己放在一个较低的位置上，却又不卑不亢。

拥有敬畏之心的销售员，同理心很强，不会把自己的思想和意识强加给客户，相信每一个客户作出的每一个选择都有他们的理由。他们尊重客户的人格和选择，不妄自菲薄也不妄自尊大，轻松平和。

（1）自我省察

自我省察是保持敬畏之心重要的一环，能够让销售员从心底对职业、客户建立起敬意。

①自我省察表

美国著名的科学家富兰克林在晚年写的一本自传中，就介绍到他是如何通过自我省察来达到自我管理的。他给自己拟定了一张美德反省表，其中列出了包括节制、诚实、严谨、节俭、勤奋、大度、谦虚等13项美德。富兰克林每晚入睡前会反省自己是否做到了这13项。如果没有做到，他就在该栏下面画上一颗黑星星来警示自己。一开始，黑星星多得让富兰克林自己也讶异了。后来通过不断的自我审查，他逐渐克服了自己的缺点，走向了成功。

销售员完全可以借用富兰克林的自我省察表的方法，也对自身行为实行监督。

表1-1　职业美德省察

美德	周一	周二	周三	周四	周五	周六	周日
谦逊							
认真							
条理							
可靠							
真诚							
谨慎							
慎独							

以表1-1的职业美德省察表为例，以周为单位每天进行省察，当天的哪一项不达标就要画上一颗黑星星，监督自己的言行，直至最后改正。销售员要谨记，建立省察表的目的是提醒自己要放下自我，能够对客户和职业保持一颗敬畏之心。

②行为笔记法

销售员可以通过记行为笔记来建立自我省察。行为笔记是指，记录自己在销售活动中的重要行为、特别行为以及良性行为、劣性行为等。尤其要记录自己的失误之处，并重点标注，以防再次犯错误。

销售员可以在手机备忘录中建立一个“行为笔记”的文件，在销售活动进行中就可以随时有感随时记录，然后在当天晚上睡觉之前再对全天的行为进行分析、总结。这种方法既简便又直观。

③名言警示法

销售员可以列出一些名言来警示自己别犯错误。例如，销售员在销售时容易表现出骄傲的姿态，并不能真正地放下自我，这时销售员可以用“满招损，谦受益”“谦虚使人进步，骄傲使人落后”等名言来警示自己。

④沉思法

销售员也可以通过沉思的方式来建立省察。可以找一个相对安静的环境，给自己十分钟去回忆这一天的行为，反省自己是否有哪些地方做得不到位，自己在销售中是否做到了“放下自我，真诚地服务客户”等。

（2）建立尊重、平等的空间

敬畏心强的销售员会在自己与客户之间建立一个空间，空间里面有两个房子：尊重、理解。

①尊重客户的一切

当销售员能够放下自我，心怀一颗敬畏之心时，首先会发自内心地尊重他的客户，多倾听客户的心声，尊重客户的意愿和选择，不会急于表达自己的观点，更不会将自己的看法凌驾于客户意识之上，并尝试让客户接受。同时，销售员会建立强烈的服务意识，希望通过自己的行为能够让客户体验到更好的服务。例如，能心平气和地与客户交流与互动，不断完善自己的业务能力以更好地服务客户等。

②理解你的职业和客户

拥有敬畏之心的销售员会对销售职业和客户产生深刻的理解力。

首先，这样的销售员会对自己有一个清醒的认识。他知道自己在销售活动中扮演着一个什么样的角色，即分享者、支持者、聆听者等角色。

其次，这样的销售员能够站在客户的角度看问题。他知道客户需要什么、想要达到怎样的效果、理解并接受客户行为动机等，因而能更好地为客户提供帮助，而不是强加自己的想法在客户身上，甚至要求客户一定接受自己的建议或意见。

最后，这样的销售员能理解客户给出的疑问、质疑、抗拒、拒绝等反应，他会真实地传递产品信息，使用技巧性的方法说服客户，给出客户内心的答案。

要想做到放下自我、永怀敬畏之心，销售员一方面要建立自我省察，另一方面要理解你的职业和客户。认识自己越深，认识他人就越深。反之亦然。只有对他人建立理解、包容之心，对自己建立省察、自律、严谨之心，销售员才会在销售过程中做出谦逊有礼的行为。

销售工作 Keys

只有销售员放下自我时，才能得到客户的真心。

07 利他：强调付出和分享

销售员利己心理和行为主要表现在三个方面：

一是销售员在向客户推销时，关注点是让客户掏钱，实现成交，而不是真心地了解客户的需求，帮助客户解决问题。

二是总是从个人目的和利益出发，关注和强调自己的付出，并强力索取，而对别人的努力和辛劳视而不见。

三是销售员不愿意和他人分享成功的经验和方法，只顾自己的利益而不顾他人的利益。

利己主义的销售员最终的结果是“作茧自缚”，难以在销售中打开局面、走得长远，更谈不上获得好的销售业绩。

业绩拔尖的销售精英绝大多数是利他主义者。他会和同事、客户一起分享成果，更注重自己的付出。例如，耐心倾听客户的问题、为客户忙前忙后也没有怨言、主动承担客户的损失，并竭尽所能地为客户提供方便。因此，他的客户群会越来越庞大，销售业绩也很亮眼。

销售精英李畅在销售方面颇有成就。他的同事经常向他寻求“秘诀”。李畅对此只说了两个字——“利他”。

曾经李畅向客户推销鞋垫，5元一双，销售员本人能赚得

1.5元；李畅选择卖4.5元一双，个人赚得1元。结果李畅比其他同事多卖了2000多双鞋垫。而且已经购买了鞋垫的客户给李畅介绍了许多新的客户，使其销售业绩成倍地增长。

学会让利、懂得分享是销售员需要学习的一门功课，把到手的利益让出一部分给客户，看似是一个傻瓜行为，其实会让你收获更多的果实。

（1）付出要做到“二勤三不”

销售员在向客户推销时，要多做多付出，竭尽所能地给客户提供最愉悦、最快捷、最方便的服务，不要因为自己多做了一些事情就心生不满，认为这一切都不是自己应该承受的。

①二勤：手脚勤，嘴巴勤

手脚要勤快，如勤快地给客户拿货、调货、帮客户向上级咨询细节等，不要因为客户有放弃购买的念头就觉得自己这些付出不值得。

嘴巴要勤快，要精准、具体、及时地将产品信息告知客户，不要对购买意向不强的客户就爱答不理；及时跟客户分享一些优惠活动，力所能及地给客户提供帮助。

②三不：不计得失，不托付，不强求

如果客户对你的推销不满意，最终没能实现成交，销售员也要内心平衡，不要将这一切责任都归咎到客户身上。销售员要明白：你的职责就是做好自己该做的，尽可能地给客户提供信息和帮助，但最终的决定权在客户身上，你要充分地尊重他。

不计得失：心态平和才能让销售员在一段销售关系中不钻牛角尖，不过多地计较得失。例如，自己详细地介绍了产品的情况，但最终客户并没有购买产品，此时销售员也不要过多地计较自己消耗的精力。

不托付：建立平衡的付出心态，需要销售员能够肩负起责任，而不是建立托付心态，将自己内心的私欲和情感建立在客户或同事等人的身上，认为令自己痛苦和失去的根源在于他人。

不强求：不将自己的道德观、价值观、判断事情的标准强加在客户的思想之上。这是一种精神的付出，是更高层次的利他主义。

（2）分享：经验、资源和信息

销售员不仅要学会付出，还要学会分享。

> 有一个小实验。
>
> 教授问学生："如何用6个苹果换得最大的回报？"
>
> 有的学生说做成罐头卖，有的学生说种下苹果籽等，答案五花八门。
>
> 教授笑了笑："答案很简单，自己吃1个，其他5个送给别人。"

分享能够收获更多。对于销售员来说，最重要的分享就是和同事、伙伴分享自己在销售活动中的经验、资源和信息，在帮助他人的同时也会赢得他人的支持。

分享经验。销售员要和同事分享自己的成功经验，如特殊的成交经历、改变自己销售业绩的成交案例等，帮助其他同事一起进步。当销售员毫无私心地帮助了其他同事，等自己需要帮助的时候，也能获得相应的支持。

分享资源。销售员要懂得与同事分享自己的优质资源。例如，销售员接到一笔大单子时可以邀请同事一起加入，或者是在同事需要时提供资源上的支持。不要因为与同事存在某种竞争关系而一味地对同事设防。分享资源不仅能够为销售员带来更融洽的同事关系，还能够让团队内部形成资源共享的氛围，在自己需要的时候也能够及时得到他人的资源支持。

分享信息。销售员要学会跟自己的客户分享产品信息，不要因为双方是买卖关系而一味对客户设防。当销售员能真诚地和客户分享信息时，反而能够降低销售难度，快速地与客户建立统一战线，更能促进销售成交。

帮助他人即是帮助自己。不把销售当成一份“卖产品拿客户口袋里的钱”的工作，而是建立帮助客户解决问题的心态 ，其实更有利于推动销售进程。

销售工作 Keys

付出和分享是高明的销售手段，能够获得丰厚的后续回报。

08 一定要坚定的21条销售信念

在销售工作中，销售员要想自己全程做到自信而不慌张、清晰而不忙乱，必须要有坚定的销售信念，强有力地支撑自己继续行进。以下关于销售的21条信念能够帮助销售员消解掉很多无形或有形的烦恼。

（1）我是最棒的，我一定能成功

不少销售员看到自己与目标的距离，就觉得自己距成功的日子遥遥无期。其实，成功不是你想象中的那么遥不可及。只要你能坚定“自己一定会成功”的信念，那么在你面前也只剩下一条路可走，即“成功之路”。

（2）我是一切问题的根源

一般人会习惯性地忽视自己的问题，而下意识地将问题归结到离自己最近的人。其实销售的正确信念是：“我是一切问题的根源”，所以一切问题都是由我而产生，理应由我解决，我也相信我能解决好，至少我能调整我的心态，使表现更佳。

（3）我是我认为的我

我认为我是什么样子，我就是什么样子。如果我认为我无往不胜、坚定勇敢，那我也如我所认为的那样——无往不胜、坚定勇敢。如果我认为自己懦弱胆小、内心羞怯，我的实际行为也会受内心负面思想的牵引，变得懦弱胆小、内心羞怯。

因此，销售员要以销售精英的标准和要求来认为自己。就像是一个小提琴手以小提琴大师的标准来要求自己去演奏好每场音乐会时，他成为大师的那天会越来越近一样。当你以销售精英的标准来要求自己时，终有一天你也能成为销售精英。

（4）过去不等于未来

销售员不要轻易地就用自己的过去如“口才差”“业务能力不强”等去定义自己的未来。过去和未来的连接点是当下。如果销售员能够从每个当下就开始改变，朝着高目标进发，就能实现突破，获得成功。

（5）成功由我决定

没人能定义你的成功，只有你自己。当你优于过去的自己时，是一种成功；当你这个月的业绩比上个月的业绩好时，是一种成功。

成功是自己决定的，当你为目标努力、不断进步时，也是一种成功。小成功最终会引发质变，达到成功的巅峰。

（6）人生因为梦想才美丽

当销售员能够以成为“销售大师”的梦想去做好每次销售时，这时销售员的内心是积极向上的，充满着无限美好。即便遇到障碍和险阻，也不会心生怨怼。因为他知道自己还有更好的梦想要去实现，而克服障碍是实现梦想的路途中必须要经历的事情。

（7）问题都会解决，不过是早晚的问题

不少销售员会自寻烦恼，觉得自己面前的问题就像是一座大山。其实销售员需要建立“问题都会解决，不过是早晚的问题”的信念。放松心态，平顺自如地解决掉一个又一个的难题。

（8）成功一定有方法

成功是有迹可循的，也有无数种方法，不要死盯着其中一种，陷入僵局。

（9）成功者找方法，失败者找借口

为什么有些人总是不能成功，其中一大部分原因在于他们总找这样那样的借口，如“我还没准备好”等。反观成功的人，他们不找借口，而去找各种办法解决问题，所以他们成功了。

（10）我的命运掌握在自己的手中

不少销售员会把自己的命运交给别人，如客户、同事，甚至把自己的命运交给大环境。其实这是一种很不明智也很不正确的行为。

每个人的命运如何，都是由自己去把握的。你不要有“托付心态”，更无须假借他人之手。

（11）越努力，我的运气就越好

努力会带来好运。销售员在销售工作中所做的努力，最后都会在结果中反馈出来。与其自怨自艾，不如做出更多的努力。越努力，越幸运。

（12）天道酬勤，天助自助者

当你不努力的时候，就算老天想帮你，也不知道从何处拉你一把。人要先自强，先做出努力，才能获得好的回报和机遇，才能遇到生命中的贵人。

（13）我要，我就能

当你内心对什么有渴望的时候，就会有想要得到的决心；当决心足够强大的时候，就会有强烈的动力去拼搏，积极寻找办法去实现目标。

（14）成功不会主动找上门，但我可以去寻找成功

“守株待兔”的人永远也不会等来下一只乱窜撞在树上的兔子。成功不会主动走向没有丝毫努力的人。你要抛弃“天上掉馅饼”的想法，成功不会主动找上门，但你可以主动去寻找成功。

（15）冰冻三尺，非一日之寒

没有人能“一口吃成胖子”，销售员在走向成功的道路上要做好“万里长征”的准备，不要抱着急功近利、今天播种明天就收获的心态，而是一步一个脚印地走出来。

（16）没有失败，只是暂时还没有成功

销售员要抛弃因一点挫折和障碍就觉得自己会失败的想法，而是要坚定地相信，自己只是暂时还没有成功而已。只要自己不放弃，失败是不存在的。

（17）只要不服输，失败就不会是定局

人生的精彩在于拥有无限可能，上一秒可能失败了，但下一秒就可能绝处逢生。只要你不服输，失败就永远不会成为定局，你有无限可以改变命运的机会。

（18）坚持到底，终将抵达

不少销售员其实和成功只有一步之遥，只是他提前放弃了。只有那些坚持到底的人才能摘到胜利的果实。

（19）我是我自己的贵人

在奋斗的道路上，如果没有遇到贵人提携也没有关系，你就是自己的贵人，是将自己渡向成功彼岸的人。

（20）人人都是自己成功的主人

不少人信奉“成功只是少数人的成功”，从概率学上说，可能确实如此。但对于每一个个体来说，成功是百分之百的。人人都是自己成功的主人，只是看你会怎么做。

（21）立即行动

“千里之行，始于足下。”如果你想成功，就马上付出行动。唯有行动才能让你有可能取得成功。

销售工作 Keys

坚定21条信念，你会成为思想上和行动上的巨人。

第 2 章

周密准备：建立万事俱备的保障

01 明确主题：根据产品确定“讲什么”

会说话的销售员有一个很明显的特点就是他能根据产品确定“讲什么”，即明确主题。举个例子，面对一款电动牙刷，他会从“清洁力”和“五分钟瞌睡缓冲”角度说服客户；面对一款安眠枕头，他会从“帮助睡眠”和“提升身体素质”等角度说服客户。

> **销售工作 Tips**
>
> **明确“讲什么”要锁定三大信息**
>
> 产品类别：产品类别决定了目标受众是谁，产品卖点如何提炼。
>
> 受众特点：目标受众决定了销售说服的主体、形式、内容等。
>
> 推销关键点：说服过程中要反复强调“卖点”，这也是实现成交的关键。

我们分别针对最常见的五类产品进行深入分析，帮助你更快速地明确主题。

（1）母婴类产品

母婴类产品是针对并围绕孕产的母亲和婴幼儿设计的产品，种类繁多，包括衣食用行等物品，如奶粉、尿不湿、母婴洗护用品、益智玩具等都属于这类产品。

销售工作 Tips

母婴类产品购买人群的特点

多为年轻父母，对生活品质有一定追求，女性占大多数；
学历水平整体比较高；
头胎家庭对母婴产品的关注度比二胎家庭的关注度普遍要高；
关注孩子的健康成长，尤其是智力、心灵等方面。

针对母婴类产品购买人群的特点，销售员在进行推销时要重点强调产品的三大特性：安全性、舒适性和权威性。

安全性：产品质量问题是母婴类产品客户关注的首要因素。因此，销售员的说服重点要附着在产品的安全性上，尤其要精准、可靠地介绍产品的材料、来源、工艺等。例如，某品牌奶粉的广告词“把新西兰的牧场搬到中国”“新西兰进口原装”等，均强调了产品及来源的可靠性。

舒适性：舒适性也是许多母婴类产品客户非常看重的因素。销售员可以从产品的亲肤程度、材料、细心设计等角度设计说服的内容。例如，某尿不湿的广告是“给你轻柔的呵护”等。

权威性：权威性在一定程度上会给客户带来安全感，增强客户的信任感。一般来说，权威性主要体现在产品的产地、专家验证等方面。例如，某品牌奶粉的广告词是“原罐进口直达加上双重监管”，凸显了产品的权威性。

（2）美妆类产品

美妆类产品主要分为护肤和化妆两大类。具体又可分为面部护肤、香水彩妆、洗发护发、口腔护理等。

销售工作 Tips

美妆类产品购买人群的特点

女性居多，尤其以年轻女性为主；

想要改善自己外貌缺陷的人群。

针对美妆类产品购买人群的特点，销售员在进行推销时要重点强调产品的两大特性：匹配性和功能性。

匹配性：匹配性是指能够为客户解决什么问题。例如，某品牌眼霜的广告词是“改善了三大眼周问题，减少细纹，改善眼袋，淡化黑眼圈”，会引导存在以上三大问题的消费者主动进行匹配，进而产生需求感。

功能性：功能性是指该产品最终可以实现的效果。例如，“深入眼底修复，让你的双眸更大更迷人”强调了该产品通过深层修复实现“眼睛更大更迷人”的效果。

（3）服饰类产品

服饰类产品是人们的基本需求产品，包括衣服、帽子、鞋子、饰品等。

销售工作 Tips

服饰类产品购买人群的特点

不分性别和人群，但实际购买者以女性居多；

需求量和年纪成反比；

关注款式、面料品质、价格和品牌等因素。

针对服饰类产品购买人群的特点，销售员在进行推销时要重点抓住产品的三个方面的优势：品质、价格和品牌。

品质：随着生活水平的提高，人们越来越重视服饰产品的品质，包括原料、设计、工艺等。销售员在确定推销内容时，要以品质为切入点。例如，某女装的广告词是“品质针织面料，毛茸茸的，细腻柔软，拿在手里很有分量感……”

价格：服饰作为常销品，价格也是客户关注的焦点之一。销售员在确定推销内容时，需要向客户传递出服饰的“物美价廉”的属性。例如，某服装的广告词是“一分价钱，十倍美感”等。

品牌：人们在购买服饰时，品牌也成为一个重要的考量因素。一般情况下，客户会关注品牌的发源地、历史和所传达的理念等。销售员在推销服饰时，要重点向客户传递服饰品牌的这些要素，以打动对方。例如，某男性服装品牌的核心理念是“简约而不简单”，很多男性消费者就是因为认同该品牌的这个理念而选择购买该品牌的产品。

（4）家居类产品

家居类产品包括家私、家装、厨具等产品，是人们日常生活的必需物品。

销售工作 Tips

家居类产品购买人群的特点

已婚人士，以女性为主；

从年龄上看，中年人较热衷于购买家居类产品。

针对家居类产品购买人群的特点，销售员在进行推销时要重点强调产品的三大特性：实用性、耐用性和美观性。

实用性：实用性是家居类产品客户比较关注的卖点，即购买此产品确实能够改善日常生活。例如，某品牌电饭煲的广告词是“一次煮一餐，新鲜不浪费”，强调了该电饭煲对于人口较少的家庭煮饭的实用性。

耐用性：除了实用性，销售员也要注重对耐用性的介绍。这就需要从产品的材料、设计等方面设计推销内容。例如，“××，给你十年如一日的新鲜感”等。

美观性：随着人们生活水平的提高，家居类产品的美观性在决定购买因素中占有越来越大的比例。美观性主要体现在产品的设计、款式、颜色等方面。例如，某品牌家居的广告词是“美一家，美一户”。

（5）养生保健类产品

养生保健类产品包括各种药品、补品、保健器材等。

销售工作 Tips

养生保健类产品购买人群的特点

以中老年为主，但年轻群体所占的比例也在上升；
大多数购买者会存在防范的心理。

针对养生保健类产品购买人群的特点，销售员在进行推销时要重点强调产品的两大特性：功能性和利益性。

功能性：表现在客户使用产品后身体某些不良状况会得到改善。例如，便秘者食用纤维素产品后，便秘情况得到改善。

利益性：表现在客户使用产品后会获得某些益处，例如，缺钙者吃了钙片后，走路比之前利索等。

以上仅是“抛砖引玉”，在实际销售中，除了以上五类产品，还有许多类别的产品销售。这就需要销售员对产品特点、目标受众进行深度分析，然后在此基础上设计“推销关键点”，力求一语击中目标客户的需求。

销售工作 Keys

知道“讲什么”，才能言之有物，打动人心。

02 锁定客户：看清楚要“对谁讲”

销售员在做销售工作时，不仅要明确主题，还要锁定客户，即看清楚要“对谁讲”。如果销售员不清楚自己的目标客户，一番话对千万人讲，效果就会不理想，既不能激发客户的兴趣，也无法促使客户下定购买的决心。

因此，销售员在展开销售前要锁定自己的目标客户，深入了解他们是谁以及他们是“怎样的人”。

（1）按性别分

按性别可分为男性客户和女性客户。男性客户和女性客户无论在购物特点上，还是沟通习惯上都存在极大的差异。

表2-1 男士和女士的购物特点和针对性推销策略对比

性别	购物特点	针对性推销策略
男士	用“大脑”购物	使用更加简洁、直接、理性的语言，理性分析产品优势
女士	用“眼睛”购物	夸赞客户的眼光、身材、外貌等，强调产品的细节

男士：男性客户购物的特点是用“大脑”购物，购买过程偏理性、速度快、注重产品的品质和档次等。如果目标客户男性居多，就要使用更加简洁、直接、理性的语言，别使用太多的情感攻势，要理

性地分析，强调产品的功能性。

女士：女性客户常常用“眼睛”购物，购买过程常呈现出视觉系特点，具有浓厚的情感色彩。因此，如果目标客户是以女性居多，推销时就要使用感性语言多于理性语言，多从产品的设计、体验等方面出发，并点明与客户的要求的契合度。销售员要多夸赞客户的眼光、身材、外貌等，同时要强调产品的细节，如衣服的领口设计、腰间设计等。尤其针对客户顾虑的细节进行深度解说，直到客户放心。

（2）按年龄分

按照年龄大体可以将目标客户分为老年人、中年人和年轻人。不同年龄层的客户即便面对同一件产品，也会有不同的需求。例如，老年人购买衣服更看重衣服的实用性，中年人更追求衣服与身体的匹配度，年轻人更追求衣服是否新潮时尚等。

表2-2　不同年龄层的人购物特点和针对性推销策略对比

年龄	购物特点	针对性推销策略
老年人	注重实用性和耐用性，喜欢物美价廉的产品	语言要平实自然，通俗易懂；一边介绍一边操作，强调实用性
中年人	注重产品的品质、设计、使用体验	介绍品牌背景、产品来源和档次；凸显产品的使用体验
年轻人	喜欢新潮的产品，视觉系购物	注重打造新潮、时尚、热情的自我形象；多使用轻松活泼的流行词汇；语言简洁；强调产品品牌、设计的独特性和时尚性

老年人：购买产品十分注重实用性和耐用性，希望能够购买物美价廉的产品。因此，如果目标客户是以老人为主，说服语言要平实自

然，使用易于老年人理解的表达方式；可以一边介绍产品一边演示产品如何操作、使用等。在卖点上需要强调产品的实用性。例如，介绍服饰时，强调耐穿、保暖、舒适；介绍保健养生产品时，重点介绍产品的成分，如含有哪些名贵药材，以及产品的功能等。

中年人：中年人收入比较稳定，需求也趋向于稳定，购买产品时会注重产品的品质、设计等，关注产品能否提高生活品质，带来良好的体验。因此，如果目标客户以中年人为主，就要介绍品牌背景、产品来源和档次等，凸显产品的使用体验，以说服他们购买。此外，中年客户对购物体验也比较关注，所以说服过程要展现出尊重、体贴、周到的态度，尽量以平和、舒缓的方式娓娓道来，让他们觉得你是来帮助他们解决问题的，而不是急切地想要卖东西给他们。

年轻人：年轻人购买产品时多半是视觉系，他们购买能力弱，但消费能力强。例如，最新款手机出来，即便口袋里没有足够的钱，贷款也要购买。所以，当目标客户是以年轻人为主，销售员要注重自我形象的打造，给人一种新潮、时尚、热情的感觉。语言上要多使用轻松、活泼的流行词汇，同时要强调产品的品牌、设计的独特性和时尚性。切忌进行长篇大论、灌入式的说服，否则只会引起年轻人的反感。

（3）按职业分

按职业可以将目标客户大致分为专业技术人员、私营企业主、产业工人。不同职业的客户，有不同的购物特点，销售员的说服重点也有所不同。

表2-3　不同职业的人购物特点和针对性推销策略对比

职业	购物特点	针对性推销策略
专业技术人员	工作稳定，收入相对较高；喜欢有品位、颜值高的产品；消费能力较强	从品牌、知名度、权威性等角度介绍产品
私营企业主	注重利益，强调性价比	适当地让利
产业工人	普遍文化程度低；重视产品的价格、耐用性等	语言通俗易懂，突出产品物美价廉、经久耐用

专业技术人员：包括教学人员、工程师、医生、律师、文化工作者等。他们工作稳定，收入相对较高，喜欢有品位、颜值高的产品，消费能力较强。销售员在面对专业技术人员进行销售时，要注意从品牌、知名度、权威性等角度介绍产品，引起他们的兴趣和重视。

私营企业主：私营企业主主要是指私营企业的经营者，包括公司老板或个体商户等。销售员在向他们进行推销时，要注意“让利”。因为同是商人，很注重利益。如果销售员能够适当地让利，会赢得这类客户的好感和忠诚。

产业工人：产业工人多是制造业、建筑业的操作工人，是体力和半体力劳动者，如纺织、服装、电子、玩具、塑料制品等行业里的工人。这类客户普遍文化程度低，很重视产品的价格、耐用性等。因此，如果目标客户是以产业工人为主，说服语言要通俗易懂，内容上突出产品物美价廉、经久耐用，这样更容易打动他们购买。

（4）按知识水平分

在实际销售中，销售员往往很难明确地掌握客户的知识水平如何，仅能通过客户的谈吐、职业等信息大概了解对方的知识水平，进而选择不同的说话技巧进行推销。

表2-4 不同知识水平的人购物特点和针对性推销策略对比

知识水平	购物特点	针对性推销策略
较高人群	审美偏高端，喜欢文化内涵高的产品	表现得专业、松弛有度；多使用专业词汇表现产品
较低人群	喜欢物美价廉的产品	强调产品的价格优势；尽量不要使用专业术语；态度热情恳切

知识水平较高的人群：高级知识分子是受过专业训练，掌握专业知识，以知识为谋生手段，以脑力劳动为主的人群。他们普遍学历程度高、审美倾向也偏高端，喜欢具有文化内涵的产品。因此，当目标客户群定位在高级知识分子时，销售员在销售过程中要表现得专业、松弛有度；多使用专业词汇表现产品等。

知识水平较低的人群：是指文化程度在小学及以下的人员，主要从事体力劳动。因为赚钱非常辛苦，这类人群在选购产品时首先考虑的往往是价格因素，其次是是否可以长期使用，产品的品牌、审美、文化等因素往往不在考虑之列。因此，销售员在面对这一类客户时，推销的重点是强调产品的价格优势，尤其要强调物美价廉；语言上要贴近生活，尽量少用专业术语；态度要热情恳切。

销售工作 Keys

明确知道目标客户是“谁”，销售话语才能直达人心。

03 打造形象：第一印象的暗示效应

第一印象会给人留下深刻的感受，具有强烈的暗示效应。

如果你面对的是一位举止粗俗、说话没有分寸、服饰邋遢的人，潜意识会暗示你，对方是一个粗鄙的人，你会因此心生排斥。

相反，如果你面对的是一位举止优雅、言语得体、服饰清爽的人，潜意识会暗示你，这是一个有良好修养的人，你自然心生亲近，愿意与之接触。

同样，在销售中，第一印象对销售进程有着至关重要的影响。

在初次见面时，客户首先接触到的就是销售员的“外在”。客户眼里的“外在”会直接影响他对销售员内在的判断，进而影响他对销售员的整体判断。因此，良好的外在形象、行为举止和面部表情等“外在”是销售员打造形象的重要“装备”。

（1）良好的外在形象

外在形象包括一个人的仪容、仪表、仪态。良好的外在形象能够给第一印象加分，暗示出一个人的品位、修养等。聪明的销售员首先会从仪容仪表上“征服”客户。

①符合自身气质

销售员的穿着打扮要符合自身气质。如果穿着打扮偏离个人气质太多，过于引人注目，只会适得其反。

> 刚刚大学毕业的张铭成了一名保险销售员。他听从公司前辈的“教导”：要成为王牌销售员，先从自己的服装开始投资。于是，他花了近一万元给自己购置了一套品牌西装。穿着这套西装去拜访客户，张铭觉得自己每个毛孔都闪耀着光芒。让他没想到的是，第一天拜访客户就被拒之门外。其中，有一个客户说出了缘由：“我还没见过穿着这么贵的西装跑销售的人！”

为什么张铭会被拒之门外？因为他过于“打造形象”了。作为一个刚毕业的年轻学生，自身气质往往是干净、清爽、阳光的。一套昂贵的名牌西装显然和这样的气质是不搭的，会让客户觉得他是一个“华而不实”的人。相反，如果张铭已经是一个小有成就的销售团队的领导，一套昂贵的名牌西装就会成为其自信、沉稳的气质的加分项。

所以，销售员打造自身形象的时候，一定要先分析自己的气质特点，进而选择符合自身气质的穿着打扮。

②干净整洁

再适合的衣服只要穿着时带着污渍都会显得邋里邋遢、没有礼貌。销售员每次在见客户之前一定要做好自我形象的检查。

表2-5　自我形象检查

形象部位	形象要求	男士检查要点	女士检查要点
头发	干净清爽	发型要短而端正，最好不要留长发	发型要整齐利落，最好不要披头散发
妆容	淡雅大气	保持面部清洁，可适当修眉	切记不要浓妆艳抹，以凸显外貌优势为核心
衬衫（西服）	整齐洁净	衬衫（西服）穿前要熨烫，注意检查是否有污垢，尤其是领口、袖口等易脏的位置；还要检查是否有掉扣子、开线等情况	
裤子（半身裙）	平整干净	膝盖部分是否有突起，边缘是否有褶皱、痕迹，裤腿（裙面）上是否有污垢，拉链、扣子是否有异常	
袜子	整齐洁净	袜子是否及时更换，颜色是否一致	袜子颜色是否合适，丝袜是否有破洞
鞋子	擦拭干净	选择稳重一点的深色	切勿选择细高跟皮鞋，鞋掌要避开金属材质，以免走路的时候发出过大的声音

③搭配协调

穿对的关键在于搭配。无论是颜色、款式等，都要搭配协调才能让人看着舒服。

颜色搭配：全身的颜色不能多于三种，包括帽子、饰品、上衣、下衣、鞋子、袜子在内，全身颜色应该控制在三种以内。对于销售人员来说，黑、白、灰是不容易出错的首选主色。女士如果觉得过于单调，可以在配饰上适当选择一种亮色作为搭配。

款式搭配：一般来说，销售人员穿西装比较合适。如果不是非常正式的场合，也可以选择一些挺括、舒适的休闲款式。运动装不太适合出现在销售场合，除非你要陪客户去做运动。

场合搭配：协调的搭配还要根据季节、场合、对象的不同进行适当调整。比如，在冬天只穿薄纱裙的女士会让人觉得不舒服，而在夏天穿着羽绒服的人也会让人觉得尴尬。再如，穿着一条破洞牛仔裤上台做演讲也不合适。

（2）得体的行为和表情

一个人的教养能够通过行为举止和表情传递给对方，也是你能够打动他人的重要因素。优雅得体的行为和表情能够给人带来美的感受。

销售员见客户时，一定要注意自己的行为举止是否优雅、有分寸，表情是否大方得体。

站姿：放松却不随意，端正而有风度；相反，东倒西歪地站立、弯腰驼背、抖腿站立等都是不雅观的站姿。

行姿：走路速度过慢或过快且不停变换速度、大幅度摆动双臂、趿拉着鞋子等，都是不得体的行为；正确的行走姿势应不疾不徐、步履沉稳、目光从容而坚定。

表情：面部表情在营造良好的第一印象中，占据着重要位置。自然大方的表情会强有力地传递出真诚。销售员的微笑要是真诚的、发自内心的，而不是皮笑肉不笑、尴尬的笑、轻蔑的笑等。销售员的眼神要是温暖的、真诚的、坦率的，而不是躲闪的、掩饰的、冷峻的、没有温度的。需要注意的是，销售员在销售过程中一定不要出现抓耳挠腮、吐舌、舔嘴唇、横眉冷对、挤眉弄眼等表情。

对于销售人员来说，如果不能在最初接触的30秒暗示客户：我值得你信赖，你就有可能彻底失去销售的机会。

销售工作 Keys

良好的第一印象能够让销售员事半功倍，让客户愿意听你说。

04 工具齐全：除了嘴以外必备的材料

销售员要想在一场销售中获得成功，除了要准备好一张口才绝伦的嘴巴，还需要准备好嘴巴以外的必备的材料，以做到工具齐全、万无一失。装备齐全的工具能让销售员销售时锦上添花、如虎添翼，让销售员的推销更具感染力和说服力。

（1）讲稿

虽然一场成功的销售主要取决于销售员出色的口才和临场发挥能力，但这并不意味着销售员所有的推销和宣讲都是即兴的。尤其是在大型销售活动中，销售员是要提前准备讲稿的。就像是一场脱口秀的演员讲演前需要准备稿子和台本，以确定演讲主题和整体流程一样。销售员也需要准备好讲稿，以确定自己推销的核心及大致流程。

（2）产品

在销售过程中，向客户展示产品是很重要的一环。虽然销售员把产品夸得天花乱坠，但客户在没有见到产品之前还是会有一定的疑问。因此，销售员也要精心准备好要展示或体验的产品。

首先，销售员准备的产品要确保是没有瑕疵的、能操作的、最具代表性的。不要等到展示或体验的时候，才发现准备的产品是有裂痕的、操作不了的等。当准备的产品难以展示时，如产品体积过于庞大、产品太重等，销售员可以向观众展示模型。模型一定是要精准地根据实际产品设计制作的。

其次，除了要展示或体验的产品，销售员还要准备一些作为赠品、礼物的产品。这类产品的品质、数量一定要严格把控，避免出现答应客户要送赠品，结果发现赠品已经没有了的情况。最重要的是，千万不要把滞销品或者瑕疵品作为赠品、礼物。赠品、礼物的作用是让客户感觉“物超所值”，一旦让客户觉得赠品、礼物是累赘，就会得不偿失。

（3）PPT

在大型、正式的销售场景中，PPT也是很重要的工具之一。它的好处在于起到提纲挈领的效果，能够让销售员有逻辑、有层次地进行解说，确保重要信息不被遗漏。同时，客户也能更直观地从PPT上了解到自己想要了解的重点内容。

销售工作Tips

PPT设计的七个重要事项

1. PPT的格式整体要大方清晰、简洁，不宜太过花哨。

2. 同一张PPT颜色不要超过三种，以免分散了客户的注意力；颜色以淡雅为主，保持整体的协调性和柔和度，让客户一眼就能看到重点。

3. 字体要偏大，标题字号36磅以上，正文字号28磅左右，以便客户观看；重要内容用“加粗+大字号”标示。

4. PPT中要有图表、照片等内容，图片和图表的像素要高，直观明了，配合主题。

5. 根据内容定义PPT风格。

6. 演示文件不超过10页。

7. PPT解说时间不宜超过20分钟。

（4）音视频

音视频在销售中也发挥着重要作用。一方面它能够烘托气氛，缓解销售过程中可能出现的气氛沉闷、说辞枯燥等；另一方面它能增强表达效果，呈现出产品细节，让产品更显生动，激发客户产生购买的冲动。

音视频的时长在30秒左右为宜。太长有拖沓之嫌，太短则无法充分展示想要表达的内容。此外，音视频的存在是要为销售服务的，通过视听技术展现出产品的细节、使用效果等，让客户能够直观地感受到来自产品的力量。

总之，除了需要准备好一张嘴巴，销售员还需要准备其他的“嘴巴”，如讲稿、产品、PPT、音视频等，来辅助自己的表达，让推销更生动、有趣。

销售工作 Keys

工欲善其事，必先利其器。

05 场地准备：确保是“自己的地盘”

我们知道，足球比赛有“主场”和“客场”之分。主场、客场是相对于比赛双方作战地点的一种说法，主场即一支运动队在自己所在的地区与其他队伍进行比赛；反之，在对方的球场打球就叫作客场。

在销售场景中，也有“地盘”之分，对销售员来说，“主场”即客户上门拜访，而“客场”则是销售员去拜访客户。无论是主场还是客场，都需要销售员做好场地准备，确保是“自己的地盘”。

（1）主场：客户上门拜访

当客户上门时，环境对销售员是有利的。相对而言，销售员更熟悉自己的工作场所。此时还会面临两种情况，即一般销售场合和大型销售场合。

①一般销售场合：店铺销售、路边销售等

即便是自己所熟悉的场地，销售员也要做好准备工作。例如，了解各类产品的摆放区域，热销品、常销品、特价商品的摆放位置等。这些都是销售员要确定的“地盘”。同时，如果有新产品，销售员要提前将这些产品上架，把热推的产品摆在显眼的位置等，这也是一种场地准备。

②大型销售场合：展示会、新品发布会等

一般来说，大型销售场合人数较多，场地也较大，销售的方式也多为宣讲。销售员在正式宣讲之前，在场地方面要做好以下几项准备工作。

一是确认场地的大小、高度、设施等。销售员要提前感受一下会场的空间、范围、台上到台下的距离、灯光、展示台等。

二是熟悉现场人员，如主持人、活动组织者、现场导演等。大型销售宣讲是“团队作战”，不同的工作人员负责的任务不一样，如有递话筒的、有开投影仪的、有递道具的、有播放音乐的、有负责灯光的等。当销售员需要他人辅助时，要能够第一时间确定自己找谁，而不至于“问这问那”。

三是熟悉设备。这里我们来讲一个案例。

有一名销售员要做一次宣讲，因为对宣讲所在地的道路比较熟悉，所以只提前半个小时出发。没想到路上遇到了堵车，一番折腾后终于在宣讲开始前几分钟到场，会议室里已经坐满了人。这位销售员一阵心慌，没想到PPT又打不开了，又没有做备份。可宣讲还得进行，销售员只好硬着头皮上，干巴巴地讲述，心情也受到缺少PPT的影响，最终效果也很一般。后来，这位销售员吸取了这次教训，无论场地自己是否熟悉，都会提前一个小时甚至是两三个小时到场，熟悉场地和设备。

可见，即便是主场，销售员也要提前熟悉场地，并对现场环境做一番了解，调整现场装备、物品的摆放位置等。如此，你会减少内心的慌张感，更加自信从容。

（2）客场：上门拜访客户

当销售员需要上门拜访客户，到客户所在的场地时，更要提前做好准备。就像球员踢球要提前熟悉球场一样，销售员也要提前熟悉场地。具体来说，销售员要做好以下工作。

一是销售员要提前规划好去客户地点的路线，选择好交通工具，以及了解使用该交通工具需要多长时间能够到达。例如，销售员选择自己开车出行，就要计划好最佳路线以及提前了解路上可能会遇到的红绿灯、堵车情况等。如果选择公交、地铁出行，也要规划好时间。

二是了解客户所处的大环境，如客户的办公室或家周边的建筑物、所在大楼的名称、所占据的楼层等。例如，如果客户的办公室所在的大厦叫“富阳大楼”，而客户的公司叫“富阳公司”，极有可能说明该栋大楼是客户的公司所属的大楼。再例如，大楼内的指示牌显示，客户的公司占据该大楼的4楼和5楼，说明客户的公司规模较大，实力也比较雄厚。

三是了解客户所处的小环境，如客户的办公室或家的门口的装潢和布局、房间内的家具摆放、墙面装饰等。例如，客户公司的大门装潢得非常豪华，以此就可以判断出客户的公司实力比较强。再例如，进入客户的办公室之后，发现墙上挂着一幅名人字画，这也许就是你打开话题的重要切口。

总之，提前做好场地准备，从路线规划到大环境、小环境的熟悉，都是把陌生场地变成“自己的地盘”所必备的工作。这些准备工作将对你接下来的销售工作产生重要的影响。

销售工作 Keys

确保是“自己的地盘”，能降低销售员的紧张感。

06 演练试讲：越熟练越稳妥

不少销售员在正式销售活动中，往往对产品解说不清晰、不准确，其实这都是不熟练导致的结果。其实业绩好的销售员也不是天生的，看似顺其自然、一气呵成的背后其实是一遍又一遍的试讲，真正做到“台上一分钟，台下一千分钟”。

演练试讲是很有必要的，“熟能生巧”，尤其是在较大型、较正式的销售场合，销售员在展开说服之前，更要做好准备工作，并且将自己的每一遍试讲都按照真正面向客户推销的标准来执行。

（1）熟悉产品解说词

销售员要想使自己的推销更具有说服力，展示产品、仔细介绍产品的功能和细节是重要的一环。这也体现了销售员的专业能力。

销售员在展示产品时，要做到熟练有技巧，对产品的功能和优势信手拈来，让客户了解你的产品有许多的优势，从而让客户产生购买的欲望。相反，如果销售员在展示产品时因为不熟练而造成颠三倒四、前言不搭后语、说不出个所以然，会让客户觉得这些产品的优点是你“憋”出来的，无法对你产生绝对的信服。

因此，销售员一定要提前准备并且熟背产品解说词。例如，产品的特点、功能、操作方法、注意事项等，既要熟记、熟背，还要训练表达逻辑，让自己的解说流利顺畅。

销售员在背诵解说词的过程中可以借助一些工具，帮助自己强化记忆，同时也可以随时检查自己的发音是否标准、对解说词是否熟练等。

工具一：录音机。销售员在背诵时可以录下自己的声音，判断自己是否出现卡壳、重复、气息陡峭、发音不标准等问题，并注意自己说话的语速和音量，是否清晰、适中。

工具二：镜子。运用镜子观察自己在背诵、讲解时的表情、眼神、动作等，以确保自己不但熟记了解说词，还能在面对客户时自然、亲切、熟练地进行介绍。

在运用镜子进行观察时要注意两点：第一，看自己的表情和动作是否显得刻意而做作。如果销售员自己都觉得自己的表情别扭，那么就要修正自己的表情。第二，看自己整体的状态是否轻松自如、坦然自若，肢体是否舒展、自然，微笑是否真诚等。

在这个过程中，销售员要以自身和旁观者两个角度去看待自己的行为和表现。如果过于表现或过于羞涩、紧张，都是需要改正的。

（2）演练试讲

当销售员准备好自己解说的产品、说词、动作、表情后，就可以进入演练试讲阶段了。具体来说，销售员可以邀请自己的家人或同事扮演客户进行演练，一方面更具有情景感，另一方面也请他们以旁观者的角度提出改正的意见。

王明邀请家人扮演自己的客户，并提前准备好了要介绍的产品和材料，如PPT、产品道具等。王明首先通过PPT向家人展示产品的功能和特点。等家人了解之后，王明又拿起了产品向家人展示如何操作、使用、保养等。

演练试讲结束后，家人提出意见："你在展示产品操作这个环节时，讲得过于复杂，不易让人明白。如果你在介绍的时候，能有条不紊地进行，大家的感受会更好。同时，你在介绍产品功能这个环节上，说服力较弱，不能真正地打动我。还有需要注意的一点是，你的语速过快，有些地方让人不明白你在说什么。"

王明积极接受家人给出的意见和建议，并作出了针对性的改进，试讲效果不断地提升。

需要强调的是，销售员在请同事或家人扮演客户时，要请他们尽可能地提出问题，即便是刁难性的问题也可以。这样能有效提高销售员的临场反应能力，增强试讲效果。

最后，销售员要排练"问答"的流程。销售员需要模拟问答的场面或尽可能地想象客户会给出怎样的反应、对产品有什么质疑、会提出什么问题等，这些都要纳入销售员演练试讲的范围。例如，和同事相互扮演对方的客户，故意提出一些刁钻古怪的问题"为难"对方，扮演销售员的一方则要见招拆招，想尽一切办法解答"客户"的问题。如此反复练习之后，在实际销售中，遇到客户提出类似的问题时就能从容应对了。

演练试讲这个环节的准备对于经验较少的销售员来说尤其重要，可以帮助销售员在短时间内快速积累有效的“经验”，进而提升销售过程中的应变能力。

销售工作 Keys

“熟能生巧”，熟练度越高，水平发挥越稳定。

第 3 章

卖点提炼：强调产品对客户的价值

01 什么是产品卖点

产品卖点是产品所具有的、独特的或与众不同的特色、特点，对客户有绝对的吸引力。

一般来说，产品卖点就是给予客户的购买产品的理由。这个理由常常表现在两个方面：一方面是产品与生俱来的，如榴梿的卖点是“营养价值高”；另一方面是为促进销售而打造出来的，如洗发水品牌海飞丝的产品卖点是“去屑实力派”。

结合美国人罗瑟·里夫斯（Rosser Reeves）提出的USP理论（Unique Selling Proposition），我们认为产品卖点必须具备三个特征：

第一个特征：必须包含特定的商品效用；

第二个特征：必须是唯一的、独特的，其他同类竞争产品不具有或没有宣传过的；

第三个特征：必须有利于促进销售。

根据以上三个特征，在提炼产品卖点的过程中，我们一定要确定以下问题。

（1）我的产品与别家的产品的区别是什么？

自己销售的产品与别家的产品的区别是什么？销售员要找出答案。

区别可以从原材料上找，如产品使用的材料能降解、可食用等；也可以从产品的质量、价格、工艺、包装、服务上找，如海尔“真诚到永远”的“三全”服务。

销售工作 Tips

确定区别要遵循三个原则

原则一：区别要是明显的，最好是别家的产品不能提供的。

原则二：即便能提供同种优势，自家的产品优势要明显优于竞争对手的产品。

原则三：这个区别是客户需要且想要的，如果客户不需要，再好的卖点也形同虚设。

（2）这个区别能带给客户的直接利益是什么？

最终确定的区别一定要能够带给客户直接利益。如果你的产品和其他同类产品的区别对客户来说是可有可无的，即便销售卖点独特，也难以打动客户。

举个例子：同样是吸尘器，你卖的吸尘器除了清洁除尘功能之外，还带有免费的智能检测功能，客户可以根据检测结果选择适合的清洁策略。“智能检测功能”就是你的吸尘器可以带给客户的直接利益。但如果你的吸尘器和其他吸尘器的最大区别是有8种颜色可供选择。这个区别就难以带给客户直接利益，也就不能成为独特的卖点。

（3）这个利益能够切实帮助到客户什么？

你的产品卖点能够帮助到客户什么？这也是销售员需要重点思考的。例如，智能吸尘器能够帮助客户检测环境，还能帮助客户实现不在家也能做清洁。也就是说，产品能带给客户的直接利益还要能转化成积极的看得见的结果。这样才能增强客户的体验感。

（4）这个卖点传递或暗含了什么价值观？

产品本身不具有价值观，但产品卖点能传递出价值观。这也是提炼卖点时要注意的。同样以吸尘器为例，“即使不在家也可以进行智能控制”传递了一种“享受智能化生活”的价值观。那么，追求“智能化生活”的客户对这个产品就会难以拒绝。

还需要注意的是，不同的客户群体对产品的需求点是不同的，有的客户看重设计，有的客户看重价格，有的客户看重质量等。那么，销售员在介绍产品时究竟要把产品卖点定位在哪里，就需要根据目标客户做进一步分析、确定。

销售工作 Keys

产品卖点是销售的核心点，能“一句顶万句”。

02 深度挖掘目标客户的需求

一般情况下，产品卖点是基于目标客户的需求设定的。此时就需要销售员做好另一项重要的工作，即深度挖掘目标客户的需求。只有真正地了解目标客户的需求，销售员才能有的放矢地为客户推荐产品，帮助客户解决问题。

销售工作 Tips

挖掘需求要立足于两点

一是从客户的抱怨、不满中寻找，即客户通过购买你的产品与服务来摆脱或减轻自己的痛苦，这属于客户的隐性需求。

二是立足于客户的期望，即客户通过购买你的产品与服务来获得或提升自我的满足，这属于客户的显性需求。

（1）激发目标客户的兴趣和关注

如果想要做到深度挖掘目标客户的需求，第一步需要做的就是激发目标客户的兴趣和关注，以方便销售活动的展开。这一切都是建立在有效沟通的基础之上的。根据乔哈里视窗的原理，销售员要不断扩大公开区（引起客户的兴趣和关注），揭明隐藏区（发现客户的隐性需求），并解决新的问题（将隐性需求变为显性需求）。

首先，销售员可以从目标客户感兴趣的话题入手，如美妆、时尚、金融、股票等话题。

> 化妆品销售员李敏接待了一位打扮时尚的女客户。李敏看见这位客户妆容精致、时尚靓丽，于是主动和客户聊起美妆话题，说起了最近流行的糖果妆。客户的兴趣果然被调动起来，热情地与李敏攀谈起来。原来客户更倾向于欧美妆，对于甜美系的妆容并不是很“感冒”。见此时机，李敏迅速地给客户推荐了几款适合欧美妆容的眼影、粉底等，成功地赢得了客户的好感。

其次，销售员可以利用客户的好奇心来吸引客户的关注，如“这里有几个对您有用的建议，我可以讲讲吗”“您听说过这件大事吗”“我是来给您带来好消息的”等。

成功吸引目标客户的兴趣和关注是深度挖掘其需求的第一步，也是至关重要的一步。

（2）挖掘客户的隐性需求

客户的隐性需求一般隐藏在客户的抱怨、苦恼、不满中。因此销售员在与客户沟通时，就需要从客户的不满和抱怨中建立觉察。当客户在陈述自己的“痛点”时，销售员要知道正是因为让客户产生“痛”，才会促使客户做出购买的决定。

在挖掘客户隐性需求时，销售员首先要做到理解客户的抱怨、理解客户对自己的经历和经验的倾诉、理解客户的心情等，并积极地从客户的抱怨中找出有用的信息。这时，销售员要停止扮演销售员的角色，而是进入倾听者的角色，认真倾听客户的抱怨，并尽最大努力去理解客户。

其次，在倾听的过程中，销售员要引导客户说出更多的抱怨。客户抱怨的“问题”越多，就越能将隐性需求变成显性需求。在这个过程中，销售员不要去打断客户，可以适当地追问“然后呢”“后来是怎么样的”等，让客户知道你对他所说的话题很感兴趣。

接着，销售员还需要让客户意识到问题的严重性。不少客户也意识到问题的存在，但解决问题的意识和紧迫感不强。这时销售员要让客户意识到问题的严重性，让客户知道问题如果得不到解决，会带来更多的问题，增添更多的烦恼。

最后，不仅要挖掘出客户的需求，关键还要让客户的需求与产品产生联系，即要匹配产品价值。明确让目标客户知道自己销售的产品能够解决客户的问题。

（3）将隐性需求引导为显性需求

销售员在深度挖掘目标客户的需求时，主要的方向和路径就是从客户的抱怨和问题中找出客户的隐性需求，并将客户的隐性需求引导到显性需求上。这也是销售员深度挖掘目标客户需求的目的。

客户的显性需求表现为能将自己的要求作出具体且明确的陈述。一般来说，当客户能对问题有新的认识（意识到问题的严重性和解决的必要性），并将自己的抱怨和不满具体化，了解到解决问题给自己带来的利益后，说明此时的需求已经呈显性化了。

销售员在挖掘目标客户的需求时，需要明白的一点是，因为针对的是目标客户的需求，销售员需要展开对产品的功能、利益等方面的分析，以匹配到目标客户可能存在的需求。但是由于每一个客户在选购产品时会有各自的侧重点和需求点，这就需要销售员能进一步深度挖掘目标客户的需求，让目标客户对该产品产生实际的需要。

销售工作 Keys

目标客户的需求是定位产品卖点的基础。

03 产品卖点塑造的成功法则

销售员要想成功塑造卖点，就需要遵循一定的法则。这些法则能够帮助销售员精准地确定卖点，同时迅速确定产品在客户心目中的形象。

（1）卖点要是独特的

产品卖点塑造的第一要义就是要寻找独特的卖点，能够给客户留下深刻的影响。当客户对你的产品形成深刻的印象时，你塑造的产品卖点就已经成功了。

销售员在寻找独特卖点时，一定要集中于某一个点。如果卖点过于发散或一个产品有不止一个卖点，就会降低效果。例如，同样是洗发水，海飞丝的卖点定位在“去屑”，飘柔的卖点定位在“柔顺”，它们找到了一个最独特的卖点，与此同时也放弃了其他的卖点。

此外，独特的卖点一定是突出的、能区别于竞争对手的、具有差异化的特点。具体表现在只有你有，别人没有；只有你能给客户提供这个好处，别人是无法提供的。

（2）卖点要直指客户利益

成功的卖点能够直指客户利益，让客户一听就知道能从你的产品中获得什么，这个优点能带给客户什么利益。例如，海飞丝的广告“头屑去无踪，秀发更出众”指出的产品利益是，客户可以拥有一头飘逸的秀发，更添光彩；著名的感冒药白加黑的广告词是“白天服白片不瞌睡，晚上服黑片睡得香”，明确指出了能带给客户的利益是白天吃药不瞌睡，晚上吃药睡得香……这些卖点能够直指客户利益，让客户一听就知道销售的产品能给自己解决什么问题，给自己带来什么好处。利益越与客户相关，越能够引起客户的关注。

（3）卖点要引发客户的美好联想

人都是有情感的，也总是向往美好生活。成功的卖点塑造就是要引发人们的美好联想，引导人们产生共鸣，对产品形成好感。例如，雪碧的卖点“透心凉，心飞扬”；OPPO音乐手机的卖点“留下最真的”；南方黑芝麻糊的卖点“一股浓香，一缕温暖”等，都能给人带来美好联想。

成功的卖点塑造除了能让客户从卖点上产生美好联想，还要能引发客户的情感意识，即产品能塑造一种价值观取向，如自信、独立、自豪等情感意识。这些是产品卖点传递出来的深层次的内涵，也是销售员在塑造卖点时需要把握的方向。

引发客户的美好联想，就要触动客户的“痒点”，让客户为了“止痒”而去购买你的产品，感到只要购买该产品，就能让自己变得更幸福、更优雅等。例如，知名房地产品牌碧桂园的广告词：“看到依山傍水、设计时尚、有阳光有泳池的房子，心里会渴望住在那里，享受那样的生活。碧桂园，给您一个五星级的家。”

（4）卖点要引导客户优先选择我们的产品

成功的卖点塑造能够引导客户优先选择我们的产品。例如，特仑苏牛奶的产品卖点是“不是所有牛奶都叫特仑苏”，无形中暗示了产品的品质和内涵，引导大众在选购优质牛奶产品时能最先想到自己。

这就要求产品的卖点要有记忆点，不仅让客户看得见，更要“入心”。当客户遇到产品可以解决的问题后，能够立即想到并选择你的产品。因此，销售员在塑造产品卖点时，要让产品卖点简洁、读起来朗朗上口，并能激发客户的想象，联系到自身。

引导客户优先选择自己推销的产品，就需要通过卖点直截了当地告诉客户，他能从中获得什么；突出产品的独一无二；同时卖点的口号也要注意使用如“就选”“只用”等引导词。

（5）卖点要引起客户讨论

成功的卖点往往能引起客户关注，带动话题，引发大众的讨论。如果卖点平淡无奇，再加上客户每天面对的产品层出不穷，对各种广告信息应接不暇，很难引起轰动。

成功的卖点塑造要尽可能地引起人们的关注，关注度越高，人们越愿意“埋单”。这就要求销售员能够抓住客户的“痛点”。例如，OPPO手机的“充电五分钟，通话两小时”就很好地抓住了年轻群体爱玩手机，但手机玩着玩着就没电的“痛点”。卖点传递出充电方便快捷的信息，引起了人们的关注。

成功的产品卖点是独特的、直指客户利益的、能够引发客户美好联想的、能够引导客户优先选择的、能够引起客户讨论的。这样的卖点能有效地在受众间产生影响，达到以卖点宣扬产品的目的。

销售工作 Keys

塑造独特的产品卖点，让你的产品会“说话”。

04 卖点一：特点价值塑造

知名的饮用水品牌农夫山泉的产品卖点是“我们不生产水，我们只是大自然的搬运工”，广告语更是深入人心，“农夫山泉有点甜”。农夫山泉就靠着这个卖点建立起了自己的品牌影响力，并迅速从同类产品中脱颖而出。

从价值塑造角度来分析，农夫山泉实施的是特点价值塑造。特点价值塑造，是指将卖点建立在产品的特点上，如产品的原料、形状、颜色、材料、工艺、设计等。农夫山泉的卖点就是建立在“原料”这个特点上，以原料的纯净、无污染作为卖点，赢得了大众的好感。

一般来说，特点价值塑造会建立在以下3个方面，即原料、工艺和设计。

（1）原料方面

当产品的原料是无污染的，具有功能性、难以获得性等特点时，销售员就可以在产品原料上建立卖点，吸引客户购买。

①突出原料的无污染

当产品的原料是无污染的、清洁的、干净的时，尤其是食品类产品，销售员可以把原料特点塑造成价值卖点，吸引人们购买。例如，贵州醇强调“好山好水出好酒”等，突出其产品原料的纯正、干净、无污染，能够打动追求产品品质的客户的内心。

②突出原料的功能性

当产品的原料本身具有一定的功能性时，若以此作为产品卖点，则更具说服力，呼应客户内心想要解决问题的心理。例如，云南白药牌创可贴的产品卖点是“云南白药创可贴，有药好得更快些”，让人立即联想到云南白药的药性，更好地促进伤口愈合；同样，在其他牙膏都强调清新口气、美白牙齿的时候，云南白药牙膏以“口腔健康”为卖点，凸显了其原料的功能性。

③突出原料的难以获得性

当产品的原料具有稀缺性或难以获得性时，若以此作为卖点，能突出产品的珍贵性，激发客户内心想要拥有的渴望。例如，钻石品牌戴比尔斯的卖点是“钻石恒久远，一颗永流传”。

④突出原料的环保性

当产品的原料是环保的、绿色的时，也可以以此作为卖点。首先，环保型材料越来越受市场的欢迎；其次，还能宣扬一种“绿色环保，保护环境”的价值理念，赢得客户的支持和好感。

（2）工艺方面

当产品是由独特的工艺生产制作出来，此时产品卖点也可定位在工艺上，以突出产品的特点。例如，一些钻石品牌凭着宣传其产品独特的钻石切割技术，如切割出“八心八箭”“椭圆形”等各种独特的形状，而为人称道。从“工艺”角度塑造产品卖点，可以突出以下3点。

①突出工艺的稀缺性

当产品的工艺是稀缺的、难以获得的，可以以此作为卖点激发客户想要拥有的决心。销售员可从工艺的美感（花色、颜色、纹路、细节）和收藏价值等角度塑造卖点。例如，刺绣工艺、扎染工艺、蜡染工艺等，突出产品的珍贵性和纪念性。

②突出工艺的文化属性

不少非物质文化遗产工艺本身就具有文化属性。以工艺的文化属性作为卖点，能够使产品工艺技术脱颖而出，一方面能使产品带有传统文化的美感；另一方面也能使产品带着厚重的文化内涵，由此获得客户的青睐。

③突出工艺的技术性

主要是从配方技术和生产技术两个方面塑造产品卖点。

配方，是指从原料加工成产品所使用的一些成分。例如，某凉茶品牌就是以独特的配方作为卖点，实现了快速占领市场的目标。配方越难以获得，越能够引起客户的关注。

生产技术则是指产品在生产的过程中所使用的独特的技术。例如，著名汽车品牌劳斯莱斯一直坚持手工生产，客户能够观看汽车生产制造的全过程，而其发动机完全是由手工制造的。手工技术的精良使劳斯莱斯的造车工艺锦上添花，也成为其核心卖点之一。

（3）设计方面

若产品外形设计奇特、有创意等，销售员可以从这个方面为产品塑造卖点，吸引客户群体的关注。

①产品的外形设计是奇特的

若产品的外形设计是新颖独特的，则能够以此作为卖点吸引客户购买。例如，一款眼镜的外形不同于一般的金丝边眼镜，而是有着各种创意造型，如胶片眼镜、竹制眼镜、眼镜蛇眼镜等。

②产品的外形具有时尚元素

产品的外形具有时尚元素时，销售员也可以拿来做文章，塑造产品卖点。例如，产品的外形很复古或是某时尚女王喜爱的单品等，这些都能渲染产品的形象，有利于突出卖点。

③包装设计是有卖点的

质量相同的前提下，人们更倾向于购买包装更好的产品。有的产品的包装古朴典雅、高贵大方，有的产品包装时尚、新潮，销售员可以从产品的包装上下功夫找寻产品卖点。

销售工作 Tips

以产品的包装作为卖点要立足于两点

一是突出“面子”包装。包装越好，产品拿来送人越有面子。尤其对于礼品类产品，销售员可以以此作为卖点并加大宣传其包装的力度。

二是突出人性化设计。如方便人们打开、收纳、保存产品等方面的设计，都能作为特点对产品进行价值塑造。

销售工作 Keys

特点价值塑造，一定要突出产品的特性。

05 卖点二：服务价值塑造

海底捞的服务一直为人称道，从客户进门后到出门前，海底捞员工给客户提供了无微不至而又周到暖心的服务。例如，他们会给孕妇准备棉垫、送话梅、介绍营养菜单；给等座的客户免费擦鞋、美甲等。这些服务使海底捞声名在外。

海底捞的卖点就是建立在服务价值塑造上的。服务价值塑造，是指从产品的服务上寻找卖点，区别于竞争对手的产品和服务，以提供给客户更好更优的服务来吸引客户购买，拉动销售。

（1）“承诺”服务

销售员通过承诺来显现出服务的独特性，如保修、送货上门、赠送礼品等承诺，以此形成卖点，打动客户。以承诺来塑造服务价值时，销售员要注意以下几点。

一是承诺是重大的。如果这个承诺可有可无，是不能作为卖点的。承诺要重大，能够极大地引起客户的注意力。

二是承诺是具有震撼力的。当销售员以承诺作为产品卖点时，这个承诺就要具有震撼力，否则没有力度。例如，售后服务“有任何不满意免费退换”“七天内无理由退换”等，能让客户放心大胆地购买产品，无后顾之忧。

三是承诺是以客户利益为准则的。销售员提出的承诺需要建立在客户利益上，为客户着想，这个承诺也才是有效的。例如，销售员提出的“假一赔十”承诺保证，能给客户带来极大的安全感，可以增强客户购买的愿望。

四是承诺是有效的。即销售员要说到做到。例如，明明说好“七天内无理由退货”，但真等到客户想要退货时，销售员又想出各种理由予以拒绝。这样的承诺是失效的，欺骗客户情感，也会让销售员自食恶果。

（2）差异化服务

差异化服务表现在3个方面：一是针对性的服务；二是竞争对手无法提供的服务；三是能够带给客户独特体验的服务。

具体来说，在产品销售中，销售员可以从保修、送货速度、付款方式、保养等角度建立差异化服务，并以此作为卖点。例如，突出送货速度快——“产品比您先行到家”，利用客户想更快地用上产品的心理，打动客户。美国联邦快递公司就是以快速服务“快腿勤务员”塑造卖点，吸引了大量的客户。

（3）个性化服务

个性化服务表现在以下3点：一是产品能够根据客户的需求而单独制定；二是服务是独特的、新颖的；三是能够代表某种价值取向。

具体来说，个性化服务要能针对客户的利益，专门为客户打造，让客户能在其中享受到服务的独特性，获得不一样的体验。例如，日本有家餐馆深受人们喜欢，因为里面有两只叫“雅特”和“福西”的猴子服务生。它们会穿着服务员的格子衬衫和裙子，给客户送啤酒和纸巾等，给了客户新奇独特的服务体验，使不少人慕名前去。

（4）体验式服务

越来越多的人在购买产品或服务时，非常注重自己购物时的体验感。所以，服务价值塑造的一个方面即是为客户提供美好的消费感觉，让客户觉得购物是一种享受。

星巴克CEO霍华德·舒尔茨说：“我们确实有最好的咖啡、门店，但这些都是次要的，最重要的是为客户提供了超出期望值的服务，彼此爱戴，互相帮助，互相培养，共担责任。”因此，人们在星巴克喝咖啡，消费的不仅是一杯咖啡而已，更多的是一种由文化氛围带来的美好体验，享受来自工作和生活场所之外的第三生活空间，如此给予客户强烈的独特体验。

（5）技术性服务

随着时代的发展，人们消费需求呈现多样化发展，如果产品的技术性服务能够给客户提供独特的消费体验，也能作为卖点。技术性服务，是指提供与产品的技术和效用有关的服务，如产品的安装、调试、维修，以及技术咨询、技术指导、技术培训等服务。例如，某些产品会打出“提供终身维修服务”来吸引客户购买。

当产品卖点定位在服务价值塑造上时，销售员要让客户充分感受到由产品服务传递出来的价值，从而打动人心。

销售工作 Keys

让你的服务令客户难以拒绝，客户想不购买都难。

06 卖点三：情感价值塑造

情感是人们共通的语言。当产品的卖点能够以情感为核心导向，从客户的情感差异和需求来寻找卖点，通过情感来加深客户对产品的好感，就可以很好地打动客户。

可口可乐作为全球畅销的饮料，其公司的总裁约翰说过一句耐人寻味的话："可口可乐并不是饮料，它是一位朋友。"可口可乐便是这样从情感的角度打动人心，用情感塑造产品价值。无独有偶，南方黑芝麻糊的产品卖点也是定位在情感诉求上，"一股浓香，一缕温暖，南方黑芝麻糊"，渲染了亲切温暖的记忆。

情感塑造价值有一个显而易见的好处就是，一旦塑造成功，就能够长久地打动客户，深刻地传达产品的情感价值内核，牵动客户的心神，引导其不断地消费。

一般来说，以情感作为卖点塑造产品的价值时，要以人们共通的情感作为立足点。接下来列举一些常见的以情感作为卖点的主题。

（1）家的主题

家的主题是最能打动人心的，当产品的情感卖点建立在想家、家庭的团圆、家庭的牵挂上，并结合产品的属性加以宣传，就会极具吸引力。例如，孔府家酒的产品卖点"孔府家酒，叫人想家"。孔府家酒的产品卖点就是通过“家”这个永恒的主题，激起人们想家的情感；绿箭口香糖的团圆主题，以“女儿从国外留学回家团圆”作为场景，而背景音乐是许巍的《家》中的一段歌词“我在远方很多的岁月，总是会想起你给予我的一切……”，极尽渲染，动人心弦。

（2）亲情主题

亲情主题又可细分为对父母、对孩子、对兄弟姐妹等的情感主题。以孝顺父母、陪伴父母、关心挂念父母等亲情作为产品卖点，能成功塑造产品在想要孝敬父母的客户心中的美好印象，瞬间打动其心。例如，养生堂龟鳖丸的“献给父母的爱”。以陪伴孩子更好成长、给孩子更好的呵护为情感支点塑造产品卖点，能迅速打动已经成为父母的客户群。例如，某品牌尿不湿的产品卖点是“云柔呵护，超薄透气”。

（3）爱情主题

以爱情作为产品卖点时，销售员要通过产品启发人们对爱情的美好感受与向往。例如，乐百氏纯净水的“爱像水一样的纯净，情像水一样的透明”，融情于水，让人们感受到爱情的真实纯正、沁入心田。

高端玫瑰品牌roseonly的玫瑰花也专注于打造爱情信念，即“一生只爱一人”，指定唯一的收礼人，终身不能修改。客户只能凭借身份证购买玫瑰花，一生只能用一次。roseonly的情感卖点一经传播，就引起了人们极大的关注和支持。

当销售员用爱情塑造产品价值时，要强调爱情的排他性、独一无二性、忠贞性等，卖点既要契合大众对爱情的期待和关注，又要满足大众对爱情的精神需求。

（4）友情主题

以友情作为情感卖点，能够让目标客户群体感受到友情的可贵与温暖。例如，好丽友的情感卖点是“好丽友，好朋友”，表现出好朋友才会吃同一款零食。

销售员在塑造友情情感价值时，要了解目标客户群体对友情的渴望和期待。不同年龄段的人群对友情的期待是不同的。一般来说，青年群体期待的友情是接受彼此的抱怨与分享；中年群体对友情的定义则是真实；老年群体对友情的定义则是陪伴。不同的目标客户群体会有不同的友情需求侧重点，这点需要销售员予以关注。

（5）价值观主题

价值观也是情感塑造的重点内容之一。如果产品能从价值观的角度塑造价值点，也能引起目标客户群极大的共鸣。在价值观塑造方面，男女目标客户群的情感侧重点会有所不同。

一是对男性目标客户群而言，当情感卖点定位在理解、支持、尊重、包容的角度上，更有可能俘获其内心。例如，丽珠得乐的情感卖点是“其实，男人更需要关怀”，瞬间契合了广大男同胞的内心，甚至引发了社会话题；而白酒洋河蓝色经典的产品卖点是“世界上最宽广的是海，比海更高远的是天空，比天空更博大的是男人的情怀”，从酒的角度诠释男人的情怀，用酒来表现男人的包容心。

二是从女性目标客户群来说，情感定位在尊重、独立、平等、自信等角度，更能打动人心。例如，潘婷洗发水“内心强大、外在闪耀”，从白领女士、年轻妈妈、90后女生3个具有代表性的女性群体，发掘出她们内心的情感共通点是“活出内心强大的自己”，引发客户的共鸣。

值得强调的是，当产品卖点定位在价值观上时，此卖点要积极向上、充满正能量、符合社会价值观，不要过于追求标新立异而将产品卖点定位在不伦不类的价值观上。

销售工作 Keys

情感价值塑造，让客户感受到产品的温情。

07 卖点四：故事价值塑造

销售员塑造产品价值时，除了从特点、服务和情感角度寻找卖点，还可以以故事来塑造产品的价值。故事价值塑造，是指销售员通过设计一个巧妙的故事，建立产品卖点，打动客户。当客户喜欢你设计的故事，并在你设计的故事中找到了他想要的东西，如感动、温暖、记忆、契合的价值观等，这个卖点的塑造就是成功的。甚至在某种程度上说，卖产品就是卖故事。当客户被你设计的故事打动，你就成功了一大半。

康美药业就是通过故事塑造了产品的价值和卖点。康美药业股份有限公司投资制作了一个《康美之恋》广告片，由影视明星李冰冰、任泉出演其中的主角，演绎出在神奇秀丽的山水间两人恋爱、共同创业的感人故事。而广告片中演绎的故事就是以康美药业公司老板及老板娘当年创业的故事为原型的，表达出“心怀苍生，大爱无疆”的企业核心价值观和“百年康美”的目标。故事真实感人，画面唯美秀丽。一经播出，就获得了大众好评，带动了康美药业的业绩增长。

销售员在以故事塑造产品的卖点时，常见的主题一般都与产品的创始人有关，如产品是在什么机缘下才问世的、创始人的创业史、品牌理念的由来等。除此之外，还可以从员工、产品、客户、文化、工艺、情怀、偶发事件等角度进行挖掘，设计故事。

（1）故事要新鲜独特

在以故事塑造产品的卖点时，故事要新鲜独特。如果故事平淡无奇，是不足以支撑产品卖点的。如果故事呈现模式化、套路化，也难以迎合客户的心理需求。尤其是客户的需求呈现多样化和个性化趋势发展时，故事就更需要新鲜独特。

一是故事要与时俱进。一方面是故事的内容和主题要与时俱进。如果故事的主题和宣扬的价值观已经过时，甚至是已被淘汰的，那么这个故事的价值内涵就很低，也难以引起人们的共鸣。另一方面故事的表达形式也要创新，可以采用漫画、动画、文言文等叙述模式，推陈出新。

当目标客户群体为年轻人时，产品的故事点可以建立在爱情上。销售员如果想要讲好这个故事，就需要结合时下年轻人对爱情的观点、憧憬、理想状态等方面展开联想，内容要清新大方、充满正能量，形式要简单好看。这样的故事才能对目标客户群体的胃口。相反，当目标客户群体是中年人时，爱情故事的侧重点则需要展现这个年龄段的人群对爱情的看法和期待，进而塑造出契合的产品故事。

二是故事要具有鲜明理念。好的产品故事能够宣扬出一个鲜明的理念，而这个理念又能契合客户的想法，便会成为客户购买产品的动力。例如，产品故事中宣扬出了时尚这一理念，会让渴望自己时尚的客户选择购买该产品。

（2）故事要真实、有记忆点

故事越真实，越能够表现出真诚，越可以增强客户的记忆点。

一是故事中要有生活化的场景。通俗点说故事要有“柴米油盐酱醋茶”的味道，却又能将这些升华成诗情画意的真实美感，不要为了显现高深奥秘而将其复杂化，而是应该融入生活场景中，让客户有带入感。

二是要注重故事细节的塑造。有记忆点的故事一般细节都塑造得很成功，能极大地提高故事的质感。例如，从雕刻细节处展现匠心工艺。

三是故事内容要从不同的角度挖掘。就像阳桃一样，从不同的角度会看到不同的形状，即便讲述的是同一个主题，也可以从不同角度展开描述。

四是故事要生动有趣。故事生动有趣才能吸引客户的注意力，让客户更愿意去关注产品的更多信息。生动有趣需要建立在故事情感表达的灵动性、相通性上。好的故事不是“卖惨”“套路化”，这种叙述模式只能招人厌烦。相反，当故事真实生动地展现出卖点，并注入情感内核，不仅更容易打动人心，也更有记忆点。

（3）故事要能引起共鸣

一个好故事是能够引起共鸣的。共鸣感越强，故事塑造得也就越成功。

一是故事要能抓住客户的痛点。当故事能够击中客户的痛点时，便成功地塑造了产品的价值。正是因为契合了客户心中的痛点，所以故事能够一击即中，迅速地将客户带入场景中，让客户抱着解决问题的心态去了解这个产品。

洛可可的创始人讲过一个55度杯的故事。他讲到55度杯的创意来源于一滴眼泪。“一个周六的下午，我的女儿想喝水，我的父亲倒了一杯刚烧开的100度的热水。在等待热水放凉的期间，我的女儿够到了这杯水，热水一下子就泼到了她的脸上和胸口上，烫伤严重。送到医院后，我看见女儿痛苦地躺在那里，边上还躺着不少同样也被烫伤的孩子。我的女儿在医院待了15天。后来我就一直在想如何给我的女儿做一个安全神器。于是就有了这个55度杯。倒入100度的水，摇10下就变成了55度，让孩子免于烫伤。”

55度杯的故事以对女儿烫伤的心痛和对孩子的爱来与客户产生情感共鸣，引导客户消费。

二是故事能给予客户美好的期待。人们都有追求美好事物的本能，当产品的故事能够契合客户对美好事物的期待，激发客户的美好联想，并让客户产生一种“购买产品，就能满足美好的期待”的心理时，这个故事塑造得就是成功的。

三是故事要充满情感。只有充满情感的好故事，才能打动人心。例如，南方黑芝麻糊的故事，“小时候，一听见芝麻糊的叫卖声，我就再也坐不住了。那亲切而悠长的吆喝，那夕阳下摇曳的芝麻糊担子。忘不掉，那一股幽幽的芝麻糊香！抹不去，那一缕温暖的儿时回忆……”故事里充满了人们对童年美好生活的回忆，脉脉温情，打动人心。

以故事塑造产品价值时，故事需要是新鲜独特的、真实的、有记忆点的、能引起共鸣的。这样的故事才能激起人们情感的波澜，实现促进销售的目的。

销售工作 Keys

故事价值塑造，让你设计的故事升华你的产品。

第 4 章

热情开场：1 分钟就引爆气氛

01 魅力登场：行、站、握皆有学问

销售员要想在销售中无往不胜，所向披靡，一个充满魅力的登场是至关重要的。如果客户在见你的第一面时感受到的是一个有翩翩风度的你，客户会很期待与你交流。相反，如果客户见到你的第一面就觉得你毫无魅力可言，那么客户也会降低对你和你的产品的期待。

（1）行

如果想要登场充满魅力，第一步就需要在行走上下功夫。当销售员行走姿势充满仪态美——从容、稳健、优雅时，往往能快速地提升个人形象。

销售工作Tips

销售员行走的仪态

1. 步速要大气开阔、不疾不徐。

2. 走路时要目视前方，不要东张西望、目光涣散。

3. 女性销售员走路时要姿势轻盈，鞋跟踩击地面时不要发出“叮叮哐哐”的声音。

4. 行走时两脚之间的距离以自己的脚长为宜。

5. 行走时要保持身体处于轻松但不松散、有劲儿但不紧绷的状态。

步速：走路速度。销售员的步速要大气开阔、不疾不徐。速度要适中，可比正常速度稍微快一点儿，让客户能够从你走路的速度上感受到你的热情和期待。

步姿：走路姿势。销售员走路时要目视前方，不要东张西望、目光涣散；尽量保持直线行走，而不是歪七扭八地出现在客户面前；行走过程中要昂首挺胸，双臂自然摆动，给人稳健、利落的感觉。需要注意的一点是，女性销售员一般会穿高度在3—4厘米的高跟鞋，走路时要姿态轻盈，鞋跟踩击地面时不要发出“叮叮哐哐”的声音，要显现出女性文静、轻柔的秀丽之美。

步度：行走时两脚之间的距离。两脚之间的距离过大，会显现出走路人急躁、着急的心理；两脚之间的距离过小，会给人不大气的印象。一般来说，标准的步度是一脚迈出落地后，前脚跟离后脚脚尖的距离恰好等于自己的脚长。

步韵：走路的韵律。良好的走路仪态要显现出一种美感，这就涉及步韵。保持身体处于轻松但不松散、有劲儿但不紧绷的状态，让整体走路姿势呈现出一种韵律美，显得优雅得体。

（2）站

销售员在与客户见面后，“怎么站”同样也充满学问。优美的站姿能够展现一个人美好的气质，给人以美的享受。站姿的优劣会给个人形象带来完全不同的效果。站姿优雅得体的销售员，能够提升个人气质；站姿欠佳，则会让销售员的形象打折。

销售工作 Tips

销售员站立的仪态

1. 站立时姿势要挺拔，两腿挺直，背部挺直，两眼平视对方。

2. 女性站立时要抬头收腹，挺直腰板，肩膀自然打开；男性站立时要呈现出潇洒自信的样子。

3. 站立时双脚要并拢，可呈现“v”字步站立，女性可呈现“丁”字步站立。

4. 站好后，不要无意识地抖腿、做小动作等。

5. 站定后，头颈部要端正、放松，微收下颌，目光平视，面带微笑。

站姿：销售员站立时姿势要挺拔，两腿挺直，背部挺直，两眼平视对方，而不是东倒西歪；身体支点要在正中央，身体重心要放在脚掌上，而不是把所有的重点都放在一条腿上，显现出松散、懒洋洋的姿态。

女性站立时要保持姿态优雅，显现出窈窕之姿、亭亭玉立的美感，抬头收腹，不含胸驼背，要挺直腰板，肩膀自然打开，整体秀丽端庄。男性站立时要呈现出潇洒自信的样子，给人大气、开阔的感觉。

站位：站立时双脚要并拢，双腿间的距离要缩小，两脚平行，分开约一脚距离，不要双腿搅在一起，可呈现“v”字步站立，女性可呈现“丁”字步站立。站好后，不要无意识地抖腿、做小动作等。站立时手部要自然下垂，不要叉腰或抱胸式站立。

表情：头颈部要端正、放松，不要偏侧倾斜、显得紧绷。站定后，要微收下颌，目光平视，面带微笑，而不要下颌上扬，目光审视，面色紧张等。

（3）握

握手是销售员与客户见面时的一个重要环节。掌握正确的握手礼仪会让客户对你的第一印象加分，为你接下来的销售工作打开良好的局面。

销售工作 Tips

销售员握手的仪态

1. 先伸出手去握客户的手，表现出自己的友好和尊重。

2. 尽量使用右手，并掌心向上、四指并拢，用手掌和手指握住客户的手，并适当地微微晃动几下。

3. 握手时眼神真诚地看着对方，面带微笑，表情亲和。

4. 男销售员与女性客户握手时，切忌握得太紧、时间太长等。

5. 握手时不宜戴着墨镜或手套，不宜点头哈腰、谄媚异常，不可交叉握手，不可随意打量客户等。

握手顺序：销售员在与客户见面时，要先伸出手去握客户的手，表现出自己的友好和尊重。

握手方式：销售员在和客户握手时，尽量使用右手，并掌心向上、四指并拢，用手掌和手指握住客户的手，并适当地微微晃动几下；眼神真诚地看着对方，面带微笑，表情亲和，表示自己的尊重与周到。

握手力度：握手的力度要适中，握得太紧会给客户造成压迫感；

握得太松会让客户觉得你在怠慢对方。需要注意的是，男销售员与女性客户握手时切忌握得太紧、时间太长。

握手时间：一般情况下，握手保持在三四秒就可以让对方感受到你的真诚。相反，如果销售员在与客户握手时说个没完以致拉长了握手的时间，会招致对方厌烦。

握手禁忌：不宜戴着墨镜或手套握手；握手时不宜点头哈腰、谄媚异常；不可交叉握手；握手时忌随意打量客户等。

销售工作 Keys

一个充满魅力的登场，需要销售员在行、站、握上做出努力。

02 瞬间抓住人心的一句话开场白

好的开场白能够一鸣惊人，瞬间抓住客户的心，将客户拉入你的频道中，愿意听你接下来的推销，并营造出一种热烈的销售气氛。

表4-1 销售提问开场示例

开场白方式	示例
提问式开场白	“您知道世界上最快的省钱妙招是什么吗？” “张经理，您知道能最快地节省贵公司的成本的方式是什么吗？”
问候式开场白	“王总，好久不见了，最近还好吧？” “张总，听您的口音，您是四川人吧？”
赞美式开场白	“您今天的气色真好，看起来神采飞扬。” “我早就听张总说，您是一个痛快的人。今天一见果真如此……”
利益引导式开场白	“如果现在有一种方法能让您节省掉一些空间……” “我给您准备了一些很有用的资料，能帮您解决××问题……”
请教式开场白	“知道您是这个行业的专家，我今天是来长知识的……” “请问您方便分享一下您对××的看法吗？”

（1）提问式开场白

提问式开场白有一个显而易见的好处，就是能够激发客户的兴趣，让客户忍不住为你驻足，寻找答案。

在开场阶段，销售员的提问要基于两个方面：

一是激发客户的好奇心。例如，“您知道世界上最快的省钱妙招是什么吗？”“您知道怎样能让你一键清除烦恼吗？”等。

二是关联客户，即提出与客户有关的问题。例如，“张经理，您知道能最快地节省贵公司的成本的方式是什么吗？”“李总，您知道影响贵公司的产品质量的主要因素是什么吗？”等。

（2）问候式开场白

问候式开场白的好处在于让客户不易拒绝，容易打开话题。例如，“王总，好久不见了，最近还好吧？”。

如果是老客户见面，开场白要热情熟络。例如，“张姐，暑假到了，今年带孩子去哪里度假呢？”“好久不见了，最近都在忙些什么呢？”“很长时间没见了。上次您要的××到货了哟，您有时间来看看吗？”等。

如果是第一次见面的新客户，问候式开场白要简单自然，不要长篇大作，否则可能会让客户摸不着头脑。同时，问候式开场白的话题要日常随意，不可过问客户的私事。例如，“您是张经理吧，幸会幸会……”“张总，听您的口音，您是四川人吧？”等。

（3）赞美式开场白

赞美他人是一种低成本、高回报的人际交往技巧。只要你的赞美真诚可信、确有其事，就能瞬间抓住人心。例如，“张总，您这房子设计得真好，尤其是这拱门的设计，真的很有品位……”简单的一句话就让对方感到心情舒畅，接下来的沟通自然也会顺畅。

巧妙的赞美是不动声色的，不让对方觉得你是故意在捧他。这就要求销售员在赞美的时候，做到以下4点。

一是赞美要真诚。赞美时，你的眼神、语气、表情要真诚，不要让客户觉得你是为了讨好、谄媚而赞美。

二是赞美要适度。赞美要有着力点，不能漫无边际地展开赞美，要让赞美的内容变得真实可信，为对方信服。

三是赞美要具体。泛泛的赞美极容易变成奉承，对方也感受不到你的真心诚意。具体的赞美就是要着力于某一个点上。例如，销售员说："您真好看。"这就是泛泛赞美，不能让对方信服。而"您今天的气色真好，看起来神采飞扬。"这就属于真诚而具体的赞美。

四是多引用第三人称进行赞美。借他人之口进行赞美，不仅更具有说服力，还能消除彼此之间的隔阂感。例如，"我早就听张总说，您是一个痛快的人。今天一见果真如此……""李姐，我上次就听同事说您很有气质，今天一见果然气质非凡……""我听您领导说您办事能力很强，和您合作，我真的很安心啊……"等。

（4）利益引导式开场白

利益引导式开场白就是销售员站在客户的立场上，想象客户需要什么，自己如何开场能够引导客户为了他的利益而关注自己的销售宣讲。利益引导式开场白的目的在于引导客户关注产品，所以开场就要直接切中主题，且明确具体，并点出客户最关心的问题，让客户建立一个"这款产品或许真的对我很有用"的想法再去听销售员的推销。例如，"如果现在有一种方法能让您节省掉一些空间……""我给您准备了一些很有用的资料，能帮您解决××问题……"等。

（5）请教式开场白

虚心请教是惹人喜爱的。销售员在开场之初就应建立请教的基调，把优越感交给客户，自己扮演一个谦逊的角色，这样不仅能极大地增强客户在这段销售中的参与感，还能借机了解客户的想法和信息，让双方更快地进入交流状态。

例如，“我想请教一下，您对××的看法。”这就是常用的请教式开场白。一般情况下，如果销售员的态度足够真诚，客户是不会拒绝给出答案的。例如，“我特别想请教您一个问题……”“知道您是这个××行业的专家，我今天是来长知识的……”“请问您方便分享一下您对××的看法吗？”等。销售员也可以根据客户的回答进行追问，一步步推动销售进程。

销售工作 Keys

精彩的开场白，让你瞬间抓住客户的心。

03 自我介绍：呈现最佳的自己

推销工作与其说是销售产品，不如说是销售自己。

销售员在向客户推销时，如果想让自己的销售辞令深入人心，推销的产品能为客户所接受并购买，就需要把自己好好地推销给客户，呈现最佳状态的自己。

好的自我介绍，不仅能让销售员在客户心目中的形象更为饱满，让客户“爱屋及乌”，还能让销售员接下来的讲解锦上添花。

（1）自我介绍的内容要简洁有力

销售员在作自我介绍时，首先需要确定的就是自我介绍的内容。一般来说，销售员自我介绍的内容主要有两点：一是向对方表明你的身份，来自哪里、姓名、职务等信息；二是让对方知道你是可以为他带来价值的。

销售员在作自我介绍时，去除“公司”二字，可以降低推销的意味。

不少销售员自我介绍的方式让人一听就知道你是来推销的。例如，“您好，我是 × × 公司的 × × ，想请您了解一下……”这种自我介绍让人一下子就知道你是来推销产品的，会下意识地对你产生抵触心理。没等销售员自我介绍结束，客户可能就会直接拒绝“不好意思，我们不需要”。

此外，销售员在介绍自己的名字时也要注意使用小技巧，巧妙地略去自己的姓。相较于“您好，李总，我是××的张春阳……”，“您好，李总，我是××的春阳……”就显得简洁明了，更易让对方产生亲切感，也不会显得过分正式。

自我介绍除了要简洁，还要有力。

销售员如果能通过自我介绍迅速让客户听出你是可以为他带来价值的，就能快速激起客户的兴趣。例如，“李总，您好，我是××的春阳，我们是本市唯一一家专注做××领域的（学会美化自己）”，使客户的第一反应就是这家公司在××领域非常高端、专业。如果销售员销售的产品跟国内或国外的著名企业有合作，也可以作为自我介绍的内容，为自我介绍增加含金量。类似的表达还有“我们公司是××企业（国内知名大企业）的合作伙伴……”“我们是国内唯一的……”等。

同时，还要让对方从你此次拜访中获得一定的好处。例如，“今天订购可参加大型抽奖活动……”“我是给您送夏日福利来的。我们××产品正在做推广活动，今天您可以先免费体验一下……”等。

销售工作 Tips

自我介绍的范文

张先生，您好！……我是××的××。我们是本市唯一一家做××的，在这个行业已经打拼了10年。我今天来拜访您，是因为我们现在有一个活动……

（2）口齿清楚，充满魅力

在作自我介绍时口齿清楚、伶俐也是很重要的。含糊不清、拖拉的表达方式会令人生厌，客户也会从你的表达中判断你是一个优柔寡断、没有主见的人，进而丧失继续听你讲解的热情和兴趣。

使用标准的普通话。如果销售员在介绍自己时，说着一口标准的普通话，不仅能清晰地向对方传达你要表达的内容，还能让对方听得入耳。因此，在与客户交谈时使用标准的普通话也是重要的一环，需要销售员高度重视。

说话语速平稳、不疾不徐。销售员说话时的语速既不能像机关枪一样突突发射，让听话人难以招架；又不能像蜗牛爬行一样过于迟缓，让客户听得心急。这两种表达方式都不是好的说话方式。正确的语速是不疾不徐，既不拖拉又不过快，节奏平稳。

说话声音充满情感。除了要做到口齿清楚之外，销售员还需要让自己的声音有魅力。男性发声要充满磁性，女性声音要清丽。当然这和个人的先天条件是分不开的。如果先天不足，销售员还可以通过其他方式弥补。但如果情感是疏离、冷漠的，即便声音像百灵鸟般动听也不能让人觉得愉悦，更不会引起共鸣。

（3）精神饱满，乐观自信

销售员在作自我介绍时，要展现出精神饱满、乐观自信的状态。好的状态能够感染你面前的客户，让客户觉得接下来的讲解肯定也很激动人心；相反，如果销售员一开口就局促紧张、精神萎靡，则会把这种消极负面的状态传递给客户。

精神饱满、乐观自信的状态主要表现在4个方面：一是自信的微笑；二是优雅的仪态；三是充满激情；四是谦逊有礼。

自信的微笑： 指销售员在介绍自己时，要展现自信的微笑。自信的微笑既是给自己加油打气，又能让对方感受到你的能量。微笑要真诚自然、眉眼带笑，而不是僵硬、刻板、皮笑肉不笑的模样。

优雅的仪态： 指“站有站相”，身姿挺拔而富有朝气，给人朝气蓬勃的印象。

充满激情： 销售在向客户介绍自己时，从眼神、语调、动作等方面将心中的热情和渴望传递给客户。

谦逊有礼： 谦逊不是低人一等，而是将对方放在与你平等甚至高于你的位置，对客户心生敬畏而不怠慢对方。当一个人谦逊时，他的声音也会更加有魅力，让人想要听到更多的内容。

值得强调的是，销售员在向客户作自我介绍时，要保持真诚坦率，让对方感受到你的真诚，这是非常重要且能快速打动对方内心的。

销售工作 Keys

如果你能把自己成功地推销给客户，接下来的销售活动会事半功倍。

04 不妨直接说“我今天来的目的是……”

不少销售员在与客户交流时，习惯于“山路十八弯”，常常铺陈一大段直至消耗掉客户的耐心却还没有进入主题。这种行为不仅会增强客户的防备心和让客户不耐烦，还会让客户因不想听你大段的言辞而急着拒绝你。

王明在拜访一位意向客户时，一直询问客户是否有购买自己产品的意愿，并一直在说服客户购买自己的产品，介绍自己的产品能够给客户带来什么好处。

过程持续了近10分钟，客户就对王明说：“我现在还有点儿事，必须马上出发。你刚才说了这么多，其实都是在为你的产品说话，我不知道你到底想要表达什么……”

客户的态度明确，王明也不好坚持什么，只得悻悻而归。

为什么王明会遭到客户的拒绝?

一是王明的表达啰唆没有重点，说了近10分钟都没有真正说到客户想要了解的内容上。没有明确自己来的目的是什么，因此难以精准地打动客户。

二是王明没有直指客户的利益，没有明确地让客户知道自己此次的销售工作能够给客户具体带来哪些好处。

客户的时间都是宝贵的，尤其当客户对你还不是很了解的时候。如果销售员花太多的时间去说服客户购买产品，却又拿不出十分有说服力的购买理由，你就注定会被客户拒绝。

因此，为了节省彼此的时间，让销售工作取得既定的成果，在正式推销阶段，销售员不妨直接说："我今天来的目的是……"简单明了，让客户一听就知道"你要干什么"。同时，销售员要确保此次的拜访目的对客户来说是有好处的，学会站在客户的立场上考虑问题。

（1）目的要站在客户的角度提出

不少销售员将自己拜访客户的目的定位在了解客户是不是有购买他们产品的需求和意愿上。这个目的是站在销售员的角度上的。在此基础上建立起来的说辞无异于为自己说话，传递出来的大部分信息对客户来说都是无用的，自然难以打动客户。

真正对销售有帮助的目的恰恰是站在客户的角度上提的，销售员要尝试了解"为什么客户会需要我们的产品""我们的产品能带给客户什么好处"等。例如，"我今天来的目的是问一下，您对我们的产品有什么建议呢？""我今天是来做一个调查的。我想了解您对xx产品有什么意见吗？""我们今天是收集用户反馈的，您有什么想法尽管跟我们说。"等。

（2）目的要能直指客户的利益

开场就直指客户的利益，能清楚地让客户明白他要在这次消费中付出什么，得到什么。

> 王青是一名电话销售员。一天，她给一位客户致电，推荐客户采取分期还款方式去还信用卡账单。王青全程围绕自己的业务介绍，并强力说服客户去选择这种分期还款方式，但是她并没有明确告知客户采取分期方式还信用卡会多交多少利息，而这部分内容恰恰是客户所关注的，也是跟客户的利益直接相关的。王青自始至终没能进入客户的频道，想客户之所想，急客户之所急，最终销售失败。

销售员在拜访客户时，要真诚地单刀直入，直接告诉客户你今天能够为客户带来哪些切实的利益。例如，“我今天来的目的就是计算一下，您如果使用我们公司的××产品，一年会节省下多少成本。”“我今天来的目的其实是讨论一下我们续约的合作事项，在过去的一年的合作中，您觉得我们有哪些需要改进的地方？”等。

这种表达方式一方面不会耽误客户的时间，直奔主题，让客户知道你此次前来的目的；另一方面还能让客户产生继续沟通的兴趣。

（3）目的要清晰明了

当销售员拜访客户的目的是获知一些客户信息，以判断客户是否有此需要、有多少需要时，销售员要清楚明了地表达自己的目的。

例如，“张总，我今天过来其实是想了解一下您公司对××产品的需求情况，这样我能为您提供更好的服务。大概会耽误您10分钟，您看行吗？”“王总，我今天来的目的是想给您介绍一下我们的新产品。”等。销售员要清晰明了地表达出自己此行的目的，不要顾左右而言他，半天说不到重点，消磨了客户的耐心。

清晰明了的目的要包含以下两点。

一是目的能在三句话之内讲完。销售员在介绍自己来的目的时，不要长篇大作，要直奔主题，撇除一些不相关的、客套的语言。

二是表达要能为客户所明了。不少销售员在向客户表达自己的目的时，往往组织不好语言，不能详尽、清楚地表达自己此行的目的。所以必要的时候，销售员在向客户表达自己的目的之前，可以先行组织好语言，甚至将自己的目的记录在纸上，以确认是否可以清楚明了地传达出自己想要传达的意思。

销售工作 Keys

直接告诉客户“我今天来的目的是……”，更能让客户为你停留。

05 引爆客户情绪的身体语言

据统计，在人与人的沟通中，文字占了7%，语音、语调、气势占了38%，而肢体动作占了55%。可见，肢体动作在沟通中起着重要的作用。

肢体动作能够传达出很多语言传递不了的信息，能够迅速感染客户的情绪，让客户进入你所构建的状态中。销售员在和客户沟通时，不仅要用声音去感染客户，还要学会用肢体动作去调动客户的情绪。

（1）表情动作

人与人在交流时，常常通过面部神情来判断对方的情绪，相互传递信息。销售员在和客户沟通时，需要展现正面积极的表情动作，如真诚的微笑、关切且专注的眼神、柔和的面部神情等，这些都是在向客户传递自己的友好。

除了要主动向客户展示自己的积极情绪外，当看见客户出现负面低沉的情绪时，销售员也可以通过表情引爆客户的情绪。

当客户对销售员的销售内容表现出无兴趣、无精打采的模样时，销售员要认真且专注地看着客户，声音柔和地问："这些产品您不是特别喜欢是吗？您能告诉我您喜欢什么样的产品吗？……"

客户在分享自己有趣的经历或糗事时，销售员要表现出惊喜、欢乐等表情，点燃客户的情绪，让客户知道你是发自内心地感兴趣。需要注意的一点是，真诚的笑容是会笑出皱纹的，而假笑眼角没有皱纹。

客户在说话时，销售员要轻轻地点头、面带热情的微笑，让客户感觉到你在关注他。

当双方交流正酣，在表达某些特定的情绪时，销售员可以适度做一些扮鬼脸或睁大眼睛等面部动作，让对方“看到”你的热情，感染对方。

注意：销售员不要表现出眯眼、斜视等眼神，以及撇嘴而笑、皮笑肉不笑等表情。

（2）手势动作

在与客户的交流中手势动作也发挥着重要的作用。销售员可以通过手指、手掌和手臂等动作的变化来表达自己的情感，通过手势动作的位置、幅度、方向等变化表现自己情感的激烈程度，展现自己不同的状态。

邀请状动作：具体的做法是掌心向上的仰手式，大拇指自然打开，其余四指并拢并微微弯曲。这个手势表现出销售员包容的心态，多用于邀请客户。例如，请客户去体验产品时，这种邀请的动作会展现出对客户的尊重，赢得客户的好感，也会让客户心情愉悦。

配合表达的动作：销售员在为客户讲解产品时，可以一边讲解一边展示产品或根据解说的内容做出适度的动作。这种行为一方面会让讲解更生动，另一方面也能感染客户的情绪，让客户听得津津有味。

销售工作Tips

有助于配合表达的手势动作

1. 打响指，点燃客户的情绪，让客户的注意力为之一振。

2. 张开五指、手背向下，表现出销售员热烈的情绪。

3. 5个手指的指尖并拢在一起，表现出销售员在认真讲解某方面的内容。

4. 通过手指比出数字，如“998”“666”等，点燃客户购买产品的欲望。

5. 竖起大拇指或真诚地为客户鼓掌，称赞客户，让现场气氛更热烈。

6. 当手部动作抬高时，则表现出对现场气氛的赞美。

7. 五指向上，分开、开口向上，用来吸引客户。

8. 手掌放在胸前，表示出销售员汹涌的心情、迫切的愿望等。

9. 双手握拳，放在胸前或齐肩，表达销售员的激情，营造热烈的气氛，但销售员不要拍打自己的胸部，过犹不及。

（3）肢体动作

这里的肢体动作是指客户全身上下的动作。例如，你在迎接客户时姿态矫健、行走速度较快、整体身体姿态向前倾等，可以让客户感受到你的热情和关注。

销售员要想通过肢体动作引爆客户的情绪，可以从3个方面入手。

一是适当地模仿客户的肢体动作。心理学认为，下意识地模仿对方的姿态可以让两个人相处得更愉快、更合拍。因此，销售员在与客户的交流中，发现客户做出脱掉自己外套的这个动作时，销售员也可以做出此动作；客户做出双手交叉相握的动作时，销售员也可以进行模仿，向客户传达出你的好感。

二是多展现身体前倾、打开双臂等积极的肢体语言。避免出现抱胸而立、跷着二郎腿、背对客户、来回走动、坐立难安等消极意味强的动作。

三是根据客户的动作来调整自己的肢体动作。例如，客户在听自己的讲解时，做出了抱胸、眼神冷淡这些动作，说明客户此时内心处于防范状态，这时销售员要身体微微前倾，表现出自己的积极与关心。

销售员在使用肢体语言引爆客户的情绪时，要注意以下两点。

一是不要割裂身体语言。即展现手部动作时，脸部表情和肢体动作也需要到位；保持动作的和谐性和一致性；动作要和情绪、内容主题同步。这样才能引爆客户的积极情绪，让销售工作进入一个更积极的状态。

二是展现身体语言时要灵活应变。即根据客户的性格和处事风格等调整肢体动作。例如，销售员面向的是一位内向型客户，并不喜欢对方对自己过度热情，这时销售员就不要做出如靠近对方、过度热情地介绍产品等举动，这些对内向型客户来说是一种负担。

总之，引爆客户情绪的身体语言能有效地感染你面前的客户，让他们感受到你的激情和活力，进而“爱屋及乌”，对你的产品也会产生好感。

销售工作 Keys

用热情的肢体动作点燃客户，让客户感受到你的热情。

第 5 章

讲好故事：强化客户的情绪体验

01 最适合在销售过程中讲的六类故事

销售其实归根结底就是在卖故事。如果客户接受了你的故事并信服，则说明客户从内心接受了你的推销。本节列举了六类最适合在销售过程中讲的故事。销售员可以将自己想要说的话，通过故事充分地传递出来。

（1）产品的故事

产品本身有很多故事值得销售员去挖掘，如关于产品的诞生、设计、由来等故事。这些故事不仅真实可信，能给人带来亲切感，还能有效地提升产品的价值内涵。

某品牌芝麻酱的销售员对客户说："这款芝麻酱是我们家秘制的，从我奶奶那代传下来的，老祖宗的手艺不敢丢啊！到我父亲这一代，他当时开了一个馄饨店，每次客户吃馄饨时都点名要配着芝麻酱。后来时间久了，我父亲发现大家对这款酱料情有独钟，于是就专门做了一个产品售卖。您说奇怪不奇怪，后来芝麻酱居然卖得比我家馄饨都要好。到了我这一代，因为我是学产品设计的，所以又重新给酱料设计了一个包装，就是现在您看到的这个。您要是喜欢吃芝麻酱就尝尝，味道很好！”

从案例来看，这个源自产品本身的故事，使产品具有人情味，像是拉家常般拉近了销售员与客户之间的距离，也让客户对产品产生了好感。

（2）品牌的故事

每个产品都有它的品牌，以品牌作为基点去讲述故事也能起到很好的效果。如品牌名的由来、品牌背后的企业价值观等，这些都能让客户感受到一个饱满而富有人情味的品牌形象。

小众女性服装品牌“七格格”，从2006年仅有4000元身家起步，创立“七格格”服饰品牌，到如今已经变身为淘宝知名女装品牌。其品牌创始人曹青之所以将品牌命名为“七格格”，是因为她身边的人平时都亲昵地叫她“格格”。这个品牌名称的故事给该店的客户带来了强烈的亲近感，能让客户感觉到创始人不忘初心的美好，有力地增强了该品牌在客户心中的情感体验。

源自品牌本身的故事，能有效地让客户感受到品牌的价值内核和情感力量，进而让客户在脑海中形成鲜活生动、立体的品牌形象，有助于打动客户。

（3）自己使用产品的故事

销售员自己使用产品的故事相对来说更具有说服力。面对销售员的真实体验和心得分享，不少客户都会想：既然销售员本人都在用，说明这个产品的质量还是很不错的。

> 家电销售员阿华对客户说："这款洗衣机我自己家也在用，操作起来很方便，而且噪声很小，晚上洗衣服完全不影响休息。另外，这款洗衣机还自带烘干功能，所以即使天气不好，我也能洗大一点的衣服、床单。当初我选这款洗衣机的另外一个原因就是看中了它物美价廉。我买的时候是在活动期，现在刚好也在活动期，很划算。当然了，它的外形也很时尚大气。"

从案例来看，销售员阿华一一表达了自己使用这款洗衣机的感受和选择购买这款洗衣机的原因，通过自己的真实感受和体验带给客户安全感，继而让客户信服。

（4）客户购买产品的故事

如果能说好此前客户购买产品的故事，会给予准备购买的客户极大的信心。尤其当讲述的故事中的客户的心理感受与当前客户的心理感受一致时，更能起到说服的目的。

> 销售员小丽说："张女士，我了解您的感受。如果换成

我，我也会担心这一点的。其实老实说，前不久我也遇到了一位客户，她和您的情况一样，因为她的皮肤非常敏感，所以不敢轻易尝试别的化妆品。当我向她推荐这款化妆品时，她的反应和您一样，也是因为担心而拒绝。后来我跟她说这款产品是植物萃取的，无任何添加成分，就是针对敏感性肌肤的，还把说明书逐一向她介绍。后来，她发现确实如此。”

就像小丽一样，销售员在讲述客户购买产品的故事时，要将客户当时购买产品的心理动向说出来，通过故事内容展示产品形象，进而提升产品的说服力。

此外，还有一种客户购买产品的故事，针对的是客户为了实现某种愿景而购买产品。如果这个愿景恰好和当前客户的愿景一致，就会产生强大的说服力。

销售员小张说：“很多情侣会来我们店里购买这款陶瓷玩偶。因为这款玩偶寓意‘一生一世一双人’。就在昨天，有一对年轻情侣买走一对，原来昨天是他们认识的第1314天，他们希望成为彼此的唯一。”

总的来说，挖掘客户购买产品的故事要重点关注3类：一是客户有疑虑然后解决了疑虑的故事；二是客户认同品牌、产品或销售员而购买的故事；三是客户为了实现某种愿景而购买产品的故事。销售员在平时的工作中，一旦发现有这三类故事就可以及时记录下来，作为素材积累。

（5）客户使用产品的故事

客户使用产品过程中的体验、收获都是极具说服力的故事。听者会因为其他人在使用产品过程中有良好的体验、收获而产生购买的冲动。

> 护肤品销售员小华向客户介绍一款护肤品："这款护肤品能有效地淡化色斑，提亮肤色。我们这里有一位客户，皮肤情况和您的很像，肤质也和您的一样。她在使用这款护肤品后，肤色明显得到了改善。因为这款护肤品是专门针对你们这种肤质研发的。对于护肤产品来说，用对了产品效果才会好。她现在是我们家的老客户了，一直都在用我们这款护肤品。"

销售员小华通过介绍客户使用护肤品之后的效果，提升了产品的形象，增强了说服力。

销售员在讲述客户使用产品的故事时要注意两点：一是把重点放在产品的效果上；二是表达要真实自然。一定要避免过分夸大产品效果的情况发生，否则只会适得其反。

（6）名人使用产品的故事

名人代言的效果毋庸置疑。所以，如果你所销售的产品和名人发生了联系，就千万不要错过这个机会。讲述名人使用产品的故事，既能提高产品在客户心目中的威信，又能进一步美化产品形象。名人使用产品的故事一般有两个来源：一是名人为产品做形象代言；二是名人自己购买、使用过这款产品。

销售员小陈在向客户推荐一款产品时说：“您知道明星×××吗？她也常来我们店里买这款面包。她还和我们拍了合照呢，就在这边的照片墙上。有时候她会自己来，打扮得很低调。有时她会请助理过来买，一次要买三四个呢！”

名人使用产品的故事既能引起客户的兴趣，又自带说服力，可以有力地吸引客户购买。但是，对名人的选择也要谨慎，如果是近期有负面新闻的名人就尽量不要提及，避免产生负面效果。

值得一提的是，销售员在讲述故事时要与客户目光相接，表情也要生动，以提高故事的说服力。同时，语言要平实自然、简单有力，让客户感受到故事的真实性。

销售工作 Keys

把自己想说的千言万语用故事说出来，有四两拨千斤之效。

02 搭建客户爱听的故事结构

一个故事如果想要讲得好，就要有严密的故事结构。

著名的故事大家罗伯特·麦基对故事结构这样定义：“‘故事结构’是对人物生活故事中一系列事件的选择，这种选择将事件组合成一个具有战略意义的序列，以激发特定而具体的情感，并表达一种特定而具体的人生观。”

故事结构就是指把故事的元素按照一定的位置安排好，使每个部分与整体都能相互照应、相辅相成，使故事融合成一个整体。好的故事结构不仅让故事表达优美、内容充实、情感充沛，还能将听众带入自己构建的故事中，即客户能够从你的故事中看到情感、价值观和态度等。下面我们来看看搭建故事结构的思维流程。

销售工作 Tips

搭建故事结构的思维流程

1. 我为什么要讲这个故事?
2. 这个故事发生在何时何地?
3. 故事的主人公是谁? 他们做了什么?
4. 他们遇到了什么挑战和冲突?

5. 他们做了什么？

6. 结果如何？

7. 我们需要从中学到什么？应该怎样做？

按照以上流程思考之后，你想传达给客户的故事内容基本上就有了一个完整的结构。但你不仅要把故事讲给客户听，还要站在客户的角度重新搭建一个表达的逻辑结构。

最吸引客户的故事表达结构一般包括八大部分：引子、背景、挑战、冲突、解决方式、结局、经验教训、行动建议。

（1）引子

要想吸引客户听故事，设计好故事引子是很关键的一点。它奠定了接下来故事的基调和整个发展方向。销售员在设计故事引子时，要思考这几个问题：你希望客户听完故事作出什么样的思考？你讲这个故事的目的是什么？客户为什么要听你的故事？等等。

销售员常用的能够引起客户兴趣的故事开端一般有："我曾经有一个不同寻常的销售案例……""我认为我见过的最好的例子是……""我有这样一个有趣的经历……"等。

（2）背景

故事背景也是故事结构的组成部分之一。故事背景要交代以下内容：故事发生在什么时间？什么地点？主要人物是谁？他要干什么？等等。故事背景要交代详细，为接下来的故事开展做好铺垫，而且交代必要的细节会提高故事的真实度、可信度。

故事背景要根据目标客户的性别、年龄、职业等信息进行选择，以增强客户的代入感。例如，目标听众是女性客户，销售员在塑造故事背景时要从女性视角展开，以更贴近客户的想法。另外，销售员在讲故事时，可以适当地将自己塑造成主人公，但不能经常这么做。

（3）挑战

挑战是主人公首先要面对的问题或机遇的部分，是推动故事发展的催化剂。挑战往往发生在瞬间，并且是出乎意料的。

例如，“我一直不注重饮食，营养跟不上，平时也没有放在心上。可是有一天因为身体素质差晕倒了，我才意识到健康的重要性”。在这里，“因为身体素质差晕倒了”就是当事人遇到的挑战。

主人公遇到的挑战只是一个引子，真正的引爆点其实是接下来的内容——冲突。因此，在介绍主人公挑战这一部分的内容时，销售员不要做太多的赘述，以免画蛇添足。

（4）冲突

即有一个事件打破了初始的平衡状态，让当事人意识到了xx的重要性，于是有了后续故事的展开。冲突是一个故事的核心，能让听众的情绪跟着你构建的故事走向而起伏不定。注意：销售故事中的冲突是要将事情引入另一个高潮，这个高潮直指的方向是你销售的产品或服务。

例如，“……我才意识到了健康的重要性。于是，我开始通过吃一些保健品的方式加强营养，但效果却不理想，最近还出现了一些副作用”。这里的“吃保健品补充营养却出现了副作用”就是冲突。冲突将故事发展引向另外一个方向，带来新的结果。

（5）解决方式

当冲突事件出现以后，平衡的状态被打破，当事人会看见自己渴望的、未被满足的需求，于是需要寻求解决方式。同样以“因为营养跟不上而出现晕倒”的案例来说，当事人会看见自己未被满足的需求，即补充营养，而开头难——保健品出现了副作用。销售员这时就可以推出“牛奶”等富有营养的产品来弥补这位客户未被真正满足的需求。这样的故事设计既符合情理，又能顺其自然地引导客户为满足需求而做出行动。

（6）结局

结局是指整个故事和主人公的走向。主人公是成功了还是失败了？问题得没得到解决？等等。再次以“因为营养不良而晕倒”的案例来说，主人公最终的策略是放弃保健品而选择购买牛奶，以此解决营养不良的问题。主人公在服用牛奶之后，不仅身体素质增强了，而且整个人的状态也变得更好了，是一种由内而外的健康。这就是故事的结局。

（7）经验教训

总结经验教训主要是为了将故事导向主题，导向自己所要销售的产品。销售员需要通过故事向听众传达“你在这个故事中学到了什么……”。延续上面“因为营养不良而晕倒”的案例，销售员得出的经验教训是“加强营养不能靠吃保健品”，这也是销售员所讲的故事的一个价值点。另外，销售员得出的经验教训也可以从故事本身得出，就像寓言故事会总结出一个经验教训一样，如“好心的帮助也会给别人带来负担”。这是很关键的一环。

（8）行动建议

这一部分则是引导客户做出行动。例如，“牛奶能帮人强身健体、增加营养，所以大家平时要多喝牛奶。”这就属于行动建议。销售员在给出行动建议时，要明确、具体，让客户一听就明白，拿来就能用。

总之，客户爱听的故事结构是由引子、背景、挑战、冲突、解决方式、结局、经验教训、行动建议这八大部分组成，销售员要做好每个环节的工作，以使故事节奏鲜明，引人入胜，达到强化客户情绪体验的目的。

销售工作 Keys

好的故事结构，能让故事给客户留下深刻的印象。

03 销售故事设计的关键指标

如果想要说好一个销售故事，销售员就要知道故事设计的关键指标。关键指标是确保故事设计成功的重要因素。尤其在现实销售中，每个故事细节都是经过精心设计的，背后都明确地指向某种目的，如感染客户情绪、启发客户、促进客户购买、加速客户决定等。销售员如果想要自己设计的故事能打中客户心里的十环靶心，就要抓住以下4个关键指标：数据、情感、产品和互动。

（1）数据

数据能够增强故事的说服力，尤其当销售员设计的故事是为了引导客户购买产品时，数据就是必不可少的说服要素。例如，“我们这款产品已经卖了2年了，还位列畅销榜单前10名”“我们的产品已经卖了3万件了”等。这些数据会向客户传递出产品畅销度和可信赖度，引导客户放心购买。

归根结底，销售员讲故事的最终目的是促进产品销售，而数据能增强客户购买的决心。举个简单的例子，你看上了一款产品，因为某种原因而犹豫不决，这时销售员跟你说：“这是我们店里卖得最好的一款产品，卖了大约有1000件，进了好几批货了……”你会不会下意识地提升购买的信心?

但是，如何把数据加入故事中？

首先，销售员要重点关注这几个数据：月销售量、年销售量、销售总量、增长额、预订量、好评率、回购率、供应商数、合作商家数等，收集最新的数据为接下来讲故事做准备。

其次，销售员要确定自己要用数据讲一个什么样的故事，例如，“月销售量+好评率+回购率”，这些数据亮丽的话可以向客户讲述一个受欢迎且产品质量过硬的产品故事；“销售总量+供应商数+合作商家”，这些数据亮丽的话可以向客户讲一个很有销售前景的产品故事。

> “我们的产品刚刚进入市场的时候，因为大家对这块儿信息不太了解（背景），所以第一季度的销量并不是很好，只卖出了大概3000件（挑战），接着在第二季度，我们做了相关的宣传，购买产品的客户好评率高达95%，这个产品当季的销量立马上升了200%。后来，有一个大合作商非常看好这个产品，一下子就跟我们预订了10000件，接着陆续有七八家供应商来跟我们谈合作，所以我们现在的销量上升到前所未有的高度（结局）……”

案例中使用了很多数据，如“3000件”“95%”“200%”“10000件”等，这些数据能为产品故事带来足够的说服力，进而让客户相信产品的销售前景。总之，数据是销售故事设计的关键指标之一，一定要做到简洁、清晰、有力。

（2）情感

澳大利亚的教育学教授克里·曼兰的一项研究表明，听众的情感投入正是故事中出现的信息为什么更容易被听众记住的原因。销售员设计故事的关键指标之二就是情感。让听众产生情感投入是故事设计非常重要的一个方面，正是因为有了情感投入，才会让听众产生诸多感悟和联想，对听众内心产生冲击。

例如，“当她看到这一幕场景时，她的眼泪就情不自禁地流下来了……”听众听到这里，会忍不住跟着一起感受，她到底看到了什么样的场景？她流的是开心的眼泪，还是痛苦的眼泪？等等。这就是情感在故事中的作用，能让人跟着主人公的情绪走，让人期待后续的发展，引人入胜。

那么，如何提升故事的情感影响力呢？具体来说有以下3个技巧。

一是故事要有情感传递，即让听众了解故事中主人公的情绪和情感。这里有3个层次：第一个层次是最基本的情感传递，即由你来告诉客户主人公的感受是什么样的；第二个层次是让客户自己去感受主人公的感受；第三个层次也就是最高层次，即让客户去感受主人公的情感。由感受上升到情感，这是一个质的转变。

二是销售员在传递故事情感时，不要过分加入自己个人的解读，避免影响故事的质感。销售员要平静地讲述故事，避免情感操控不当，误导听众，降低故事的效果。

三是销售员在讲述故事时不要忘了故事是要引起共鸣的，所以故事要导向人们共通的情感，如快乐、幸福、悲伤、恐惧、担忧等，能够引起共鸣的情感更能让听众印象深刻。

（3）产品

故事要为产品服务。如何塑造产品形象，也是销售员设计故事的重中之重。在此，销售员要注意两点。

故事要关联产品形象。故事风格要和产品形象契合。例如，产品风格是温暖治愈的，那么故事风格也要与产品形象契合，设计一些温暖治愈的小故事，让听众对产品产生更美好的想象。例如，工艺品“捕梦网”，从产品的名字到风格、设计都充满浪漫色彩，它的寓意为“捕获美丽的梦幻，让噩梦随清晨的阳光而消逝，他们相信夜晚的空气中充满着各种梦幻，只有捕梦网能将梦过滤，把他们带入美丽的梦乡”。

故事要升华产品形象。好的故事不仅能如实地展现产品正面的、美好的形象，还能升华产品形象。例如，古希腊人认为钻石是天神的泪滴，也认为钻石是由天水或天露而来；古罗马人则相信丘比特的箭镶嵌着钻石。这些故事都升华了钻石的产品形象，使其蒙上了一层浪漫的、圣洁的、稀有的神话色彩。

（4）互动

互动首先能让大家参与到这个故事中来，其次还能让大家对产品形象有更深刻的、直接的了解。因此，销售员在设计故事时，要设计一些互动的情节。具体来说，有以下两种。

问题互动法。例如，销售员在故事开始时设置一些问题——“请问，你们知道世界上最懒的动物是什么吗？”“你们觉得什么时候最有幸福感？”“最让你们觉得烦心的事情是什么呢？”等。

试用互动法。销售员的故事要有一个间隙或时机能够引导客户试用（穿）产品，以让客户进一步感受到产品的价值。例如，销售员在故事中间设计一个环节："很多人都说这种面料穿在身上很凉爽，就像是山间清爽的风一样，您要不要感受一下？"通过这样的刻意引导，制造让客户试穿互动的机会。

总之，销售故事设计有数据、情感、产品、互动4个关键指标。销售员要抓住这4个指标，创作出对销售进程有帮助的故事。

销售工作 Keys

关键指标是确保故事设计成功的重要因素。

04 讲好故事的语言训练

设计得再好的故事，如果讲不出来，也是无用的。会说话的销售员一定都是语言表达的高手。不少销售员在讲故事时就像装有饺子的茶壶，肚子里有好货但就是倒不出来，这是非常可惜的一件事情。像这样的销售员就要进行语言训练，主要包括发声、吐字、语气等方面的训练。

（1）声音训练

有的销售员在讲故事时，会通过鼻子把话说出来，也就是常说的“鼻音重”。用鼻子发出的声音是混浊不清、拖沓的，会给客户带来不太好的听觉体验。因此，销售员要掌握正确的发声方法。

①练气法

气息是人体发声的重要动力和基础，包括气息的速度、流量、压力的大小等，都会对表达造成影响。气息不稳、不匀会让声音抖动、力气不足。销售员如果想要更好地发声、驾驭语言，就要合理地控制自己的气息。

销售工作 Tips

练气小技巧

先深吸一口气，小腹收缩，并打开整个胸腔，以吸入更多的空气。注意：吸气时不要提肩。在吸完气之后，再慢慢地呼气，并保持嘴巴微开，让气息慢慢出去，保持气息平稳。

在练气时，呼吸频率一般适宜每分钟16—18次，并保持心平气和。呼吸次数逐渐减少，频率逐渐减慢，呼吸深度逐渐加深。

同时，销售员还需要掌握正确的发声方法。销售员在练习发声时，要掌握正确的练习方法，以免破坏声带。

销售工作 Tips

发声小技巧

发声前先要松开声带，并发出一些缓慢的声音，不要一开始就用力过猛，会破坏声带；将嘴巴自然打开，可以尽量张大一些，同时缓慢用力使丹田自然鼓起；然后嘴唇闭合，用口中的气冲开嘴唇，发出“嘟嘟嘟”的声音。

为了保持发声的连贯性和美感，销售员还需要多做口腔共鸣、胸腔共鸣的训练。

口腔共鸣。一般情况下，人在说话时使用的多是中声区。中声区主要形成于口腔上下，所以以口腔共鸣为主。销售员在使用口腔共鸣发声时，需要关闭鼻音，不要产生鼻息泄露。口腔共鸣，声音要从丹田发出来，但是也不要用力过猛，不然只会适得其反。

胸腔共鸣。胸腔共鸣则更有力量，有种浑然天成的美感，发出的声音也会更宽阔。销售员可以从“a”元音直上、直下，滑动地练习，或使用词语练习，如“翻江倒海”“百炼成钢”等。销售员也可以使用开口元音进行练习，如ba、da、ga、pa、ta、ka、peng、pi、pu、pai等。

销售工作 Tips

练习胸腔共鸣的小技巧

喉头放松练习。微微张开你的嘴巴，并充分放松喉头，但不要过分下压喉头。注意要闭合声带，像金鱼吐泡泡一样轻轻地发声或低低地哼唱，体会胸腔的震动。

靠墙练习。把你的后脊梁贴近墙面，这样更容易让你感觉到气息在沿后背向上走，并且胸腔的共鸣能和墙产生共振，让你更容易找到胸腔共鸣的感觉。

如果条件允许的话，可以在起床之后练习共鸣，此时声音还没有完全打开，练习会更有效果。

②练音法

有的销售员在说故事时，普通话不是很标准，或在个别字词上存在发错音等现象。因此，销售员要重点练习自己平时老是发错的字音，如n、l不分，前、后鼻音不分，z、c、s和zh、ch、sh不分等。

销售工作 Tips

练音小技巧

控制音域法：扩展音域，加大音量，控制气息。在练习时，要注意声音的高低、强弱、虚实、刚柔、厚薄、明暗等变化。我们可以通过练习a、i、u进行由低音向上滑动，再从高音向下滑动的训练。

朗读古诗词练习法：古诗词韵律感强，且感情充沛，具有起伏性，贯穿气息深浅、起伏等。朗读古诗词时应注意声音的虚实、明暗、强弱、高低、刚柔、断连的处理。像李白、杜甫的诗，李清照的词等，其中包含着热烈的情感，销售员在练习时要感受其中思想感情的变化，增强声音的弹性。

（2）吐字训练

销售员在讲故事时，有一个基本的要求就是吐字清晰，能够让客户听清楚你在说什么，满足其基本的听觉体验。

销售工作 Tips

大声朗读吐字练习法

小声朗读或默读都不能很精准地发现自己发音错误或发音不准。销售员可以选择每天早上大声朗读10分钟，并录下自己的声音，找出自己觉得别扭的地方加以改进。

大声朗读的时候，建议用绕口令进行练习。一方面能修正自己的发音，另一方面也能锻炼自己的反应能力。例如：

山前有四十四棵死涩柿子树，

山后有四十四只石狮子，

山前的四十四棵死涩柿子树，

涩死了山后的四十四只石狮子，

山后的四十四只石狮子，

咬死了山前的四十四棵死涩柿子树，

不知是山前的四十四棵死涩柿子树涩死了山后的四十四只石狮子，

还是山后的四十四只石狮子咬死了山前的四十四棵死涩柿子树。

除了通过大声朗读练习吐字之外，销售员还要掌握一套吐字清晰的诀窍，即咬字头、立字腹、收字尾。

咬字头。字头一定要咬住。这样的发音是有力量的，也会给客户带来不一样的听觉感受。这样说话会显得更有“腔调”。同时，销售员将力量先集中在字头上，也可以为字腹和字尾的发音作铺垫，以做到发音松弛有度。

立字腹。字腹是一个字的中间，发音要饱满、充实，以加强听众的听觉感受，达到“大珠小珠落玉盘”的效果，给人带来圆融无缺的美感体验。相反，如果销售员发音时字腹没处理到位，那么出来的声音是酸涩的，显得干瘪，不够圆润。

收字尾。字尾是一个字的结尾，它主要是归音，因此销售员要会收。收不是代表“戛然而止”，而是要等字尾发音完整，一切都到位后，再顺其自然地收回来。

（3）语气训练

有效表达是充满情感的。要想感染你面前的客户，销售员在说话时，情感要富于变化，语气要根据情感变化有所起伏。

销售工作 Tips

最常用的4种语气

平直调：语气平直舒缓，多用于陈述事实等一般性的说明和叙述句，或用来表现一个人伤心、悲痛、凝重等情感。

升语调：语调一般由低向高，由弱向强转变，往往用于表现一个人惊讶、诘问、愤怒等情绪。销售员在练习时要注意自己情感的传递，但是也不能表演过度。

降语调：语句的读音和力度从高到低，从强到弱逐渐下降。一般在表现赞扬、祝愿、坚决、自信或失望、悲伤等情感时使用。销售员在练习时，要注意情绪和声音同步，以免造成错乱和尴尬。

曲折调：语调的高低、力度不断变化，一般表示惊讶、怀疑、讽刺、双关、犹疑不定等变化的情感时使用。

销售员在练习的时候，需要注意这4种语气的变化，但是不能滥用语气。语气是用来辅助自己讲好故事的，不能完全由语气来主导故事。在讲故事时，语气要根据故事的变化而变化，但总体呈现平和状态，保持声音的平顺自如。

值得强调的是，销售员在进行语言训练时，既要掌握正确的、科学的发声方法，同时也要注意让自己的声音饱含情感，充满感染力。这样训练出来的语言，才能带给客户听觉享受。

销售工作 Keys

语言练习好了，才能让你讲的故事精彩加倍、引人入胜。

05 讲好故事的表情训练

表情在讲故事时发挥着重要的作用。故事里的感情和思想可以通过表情传达出来。好故事配上好表情，能够让效果翻倍，让故事深入客户的内心。

因此，销售员不仅要做好语言练习，还要做好表情练习。

一般来说，表情练习即整张脸的表情练习，包括眼睛、眉毛、鼻子、嘴巴、耳朵、脸颊等，整体表情也需要销售员进行练习、控制。总体来说，销售员在讲故事时，整体表情要呈现出柔和、善意、温暖的神情状态。

在表情训练中，销售员要重点练习两大内容，即笑容训练和眼神训练。

（1）笑容训练技巧

不同的笑容会展现出不同的情绪，如大笑能展现出说话人喜出望外的情绪，皮笑肉不笑则展现出讥讽的情绪。如果销售员在说故事时肌肉僵硬、皮笑肉不笑，或表现出尴尬的笑容等，会让客户失去听故事的兴致。

一般来说，销售员在讲故事时，使用较多的是微笑。因此，销售员要做好微笑训练，让自己的笑容更具有感染力，增强与客户间的情感交流。

销售员如果在讲故事时内心紧张，那么此时的笑容也会僵硬、不自然。所以笑容训练首先就是要学会放松脸部的肌肉。

销售工作 Tips

放松脸部肌肉的小训练

搓脸训练。将手搓热后从下向上搓脸，反复多次；用食指、中指、无名指三根手指来按压眼尾部位，呼气时强压6秒，放开时吸气，反复做6次。

张嘴训练。将下巴固定，让嘴尽量张大，越大越好，开合10次以上，甚至数十次。但速度不要太快。

鼓腮训练。先像吹气球一样，鼓起腮部；再用力收紧腮部，交替进行，反复15—20次，始终保持自然呼吸。

如果想要笑得真诚、好看，且让笑容保持在自己想要达到的状态，销售员还要提升嘴部周围的弹性。

销售工作 Tips

训练嘴部周围弹性的小技巧

首先，张大嘴巴：持续10秒左右。（尽可能地张大嘴巴）

其次，拉紧嘴角：持续10秒左右。（闭上嘴，拉紧两边的嘴角，使其尽可能地拉紧）

最后，嘴唇聚拢：持续10秒左右。（在拉紧嘴角时，慢慢聚拢嘴唇，形成一种圆圆地聚拢在一起的感觉）

经过以上两种练习，销售员现在能够很好地控制笑容的幅度了，如微笑、大笑等。标准笑容一般是露出8颗牙齿。销售员可以咬住一根筷子来进行训练，嘴角弧度要高于筷子的高度；再轻轻咬住筷子，发出“yi”的声音，嘴角上下往复运动来进行调整。

同时，销售员还可以自行对着镜子训练笑容，查看自己的笑容是否真诚、发自内心。如果自己都觉得自己的笑容别扭、不舒服，就需要修正自己的笑容。

需要注意的一点是，真诚的、发自内心的笑容在笑起来时会在眼角出现细纹，假笑或皮笑肉不笑则不会出现眼角细纹。

（2）眼神训练技巧

眼神也是销售员在训练面部表情时，要重点训练的内容。故事讲得好不好，要看你的眼神到不到位。如果销售员眼神呆板、目光涣散、没有焦点，很快就会“感染”客户，让客户觉得你说的故事没有生气。因此，销售员要注重眼神的训练。

销售工作Tips

如何训练眼球的灵活度

首先，顺时针方向旋转眼球50次，再逆时针方向旋转50次；其次，让眼球在眼眶里上、下、左、右来回转动。包括定向转、慢转、快转、左转、右转等，以增强其灵活性。

有些销售员在讲故事时，因为紧张而眼神涣散、四处乱看而没有焦点。这时销售员就要学会定视法。

销售工作 Tips

定视训练技巧

在房间里点上一根蜡烛，眼睛盯着不动，维持10分钟左右，或者5分钟一组，一次训练3组。

销售员在使用定视法的时候，要注意以下两点。

一是定视是为了让眼神更有光彩、焦点集中，但不是意味着销售员要死死盯住客户。死死盯住客户一方面不符合礼仪，另一方面也会给客户造成心理压迫。一般来说，目光注视的位置应停留在对方的双眼与额头之间的三角区域。

二是销售员在注视客户的时候，可适当与客户保持眼神交流。在注视的同时，要保持眼神的“温度”，不能冷冰冰地盯着客户看，尽量用柔和友善的目光正视对方的眼区。

此外，眼神能够真实地传递出情绪、情感、思想等内容。销售员在讲故事时要让自己的眼神充满情感，成为与客户无声交流的连接点。

销售工作 Tips

训练眼神的“温度”

对着镜子训练自己各种有“温度”的眼神，如生气的、温暖的、笑意融融的、狡黠的、搞怪的等。在训练的时候要多多训练正面、积极的眼神，避免类似嘲笑的、冷漠的眼神。

销售员在训练眼神的时候，要多想一些令人期待的、美好的事物，或暗示自己“我很棒”“我会做得更好的”“我很相信自己”等。这样的眼神会更具正能量、积极向上，也更能感染听故事的人。

总体来说，销售员在训练的时候，内心要有内容。当内心自信、积极时，才会在眼神里出戏，传递出更多的语言不能传达的信息。

销售工作 Keys

用好你的表情，让你讲的故事更生动、有吸引力。

06 讲好故事的动作训练

讲故事不仅需要嘴巴、表情，还需要动作。如果销售员在讲故事时总是束手束脚、手脚不知道如何安放、动作不协调等，那么客户也很难进入销售员构建的故事情境中。相反，如果销售员动作协调，与故事内容相一致，能深度表达自己的内在情感，会让故事立体而饱满。

讲故事时配合使用动作有两种情况：一是为了配合内容表达；二是为了配合情绪表达。

在配合故事内容表达方面，销售员首先要比画出故事中的某些情节动作，以深度贴合故事的内容，让听众对故事里的某些细节有更直观的印象。

例如，故事里讲到一个大西瓜的时候，销售员可以比画出一个西瓜的形状；故事里讲到一个七八岁的小孩的个子的时候，销售员可以以自己作为身高板进行比画，让客户有更具体的印象；当故事说到具体的数字时，如“有3个理由”，每说到一种理由时，销售员都可以用手指比出数字。

其次，使用辅助动作表达故事的情节。一方面辅助动作能够让客户有惊喜的感觉，客户会觉得竟然还真有这“东西”；另一方面辅助动作可以让故事的内容更为充实饱满，就像是魔术师起“神来之笔”的道具一样，吸引客户的眼光。

例如，故事里讲到“这时，有一个人从口袋里拿出了一个小册子”，销售员可以顺势从口袋里拿出提前准备好的小册子，并摇摇手中的小册子继续讲解；或者讲到“那个人向地上扔了一百元钱……”销售员可以边说边做出扔钱的动作，并表现出故事情节里那个人的神态。

当销售员能够根据故事的内容做出以上动作时，会让故事的趣味性更强，更能吸引客户进入自己构建的故事空间中。

销售员除了要展现故事情节里显而易见的动作外，还要会用动作表现故事里传递出来的情绪。这就涉及讲故事时使用辅助动作的第二大作用，即配合情绪表达。用动作配合情绪表达能够升华故事的内容，让故事形象更为饱满且立体，听众也能获得较好的视听享受。

情绪又可分为两种，即积极情绪（如高兴、喜悦）和消极情绪（如沮丧、无奈、懊悔等）。无论是哪种情绪，销售员都可以使用肢体动作来表现。例如，“那个人看见我的时候，眼神飘向别处，撇着嘴角，态度很傲慢”，销售员可以边说边模仿那个人当时的眼神、嘴角神态等。

最后，销售员在根据故事内容做出动作时，要尽量展现动作的美感。动作要自然、得体、优美、大方、具有吸引力，不可过于浮夸。动作要辅助故事的表达，所以不可喧宾夺主。例如，销售员在讲故事时，做出大喊大叫、左右来回跑等一些大幅度的动作，都是不适宜的。

销售工作 Tips

关于动作的礼仪规范

1. 动作要舒展开，而不是畏畏缩缩、要伸不伸的样子。

2. 动作要自然、落落大方，而不是像被绑了绳索一样，怯懦、慌张。

3. 动作要得体、规范，展现出一种礼仪美。如邀请对方时微微躬下身子，手指并拢呈邀请状。

4. 动作幅度和范围不宜太大，不要来回踱步，合理的范围是走动不宜超过三步。

当然，每个人都有自己的动作习惯，要保持动作的礼仪规范并不是一件容易的事，这就需要销售员的刻意练习。这里我们介绍一个积极情绪的手势训练技巧。

销售工作 Tips

上扬手势的训练

1. 四指并拢，拇指张开30度。

2. 手用力向右前方（左前方）伸出，手伸出来后指尖在耳尖和头顶之间。

3. 动作要大，最好呈45度角打开，手掌的高度要在肩膀以上。

除此之外，还有一些其他动作，如脚步动作、头部动作、眼部动作等，都需要销售员认真总结并加以训练。需要注意的是，刚开始训练的时候不要过分要求动作做得多么到位、完美、自如，确保自己心怀期待地坚持练习才是最重要的。否则，还没练习几次就感到辛苦、厌烦，不愿意再坚持下去，那即使一开始做得再完美也会功亏一篑。毕竟做到动作到位、自如是需要一个过程的，只有练习多了才能在实际销售场景中自如地使用动作。

销售工作 Keys

讲故事时配合动作，更能感染你的客户，强化客户的情感体验。

第 6 章

善提问题：引导客户的购买需求

01 封闭式提问：让客户回答“YES”

会说话的销售员除了会说外，还会问。他们通过提问引导客户对产品形成好感，产生认同，不断引导客户做出“YES”的回答，并促进客户作出购买的决定。

封闭式提问是销售员常用的提问方式。封闭式提问是指销售员在提问时就带有预设的答案，客户的回答也不需要展开，只需要回答“是”或“不是”、“对”或“不对”等，能立马给出答案。

销售工作 Tips

封闭式提问的优势

一是能够迅速了解客户真实的想法，以确定自己想要快速了解的某些问题；

二是让客户按照自己设定的思路去回答，引导客户做出“YES”的回答；

三是澄清事实，获取重点，缩小讨论范围。

封闭式提问常用的句型是“是不是……”“对不对……”“有没有……”“要不要……”“您觉得……，对吗”“比起××，你更在乎××，对吗”等。下面列举几种典型的封闭式提问句型。

（1）“我看您长时间为××所困，我相信您也想解决这个问题，是吗？”

美国心理学家P.F.古德曾提出：“人际交往之所以能够成功，是因为可以准确地把握他人的观点，这就要求你学会‘善解人意’。”销售员也需要学会“善解人意”，要看懂客户的痛点，并激起客户想要解决问题的决心。

不少销售员在提问时，总是习惯于从自身角度和产品角度去提出问题，但事实是大多数客户对此提问是无感的，因为你的提问没有从他的角度出发，更没能问到他的心里去。相反，销售员站在客户的角度提问，能够自然地引导客户进入自己的销售频道，向客户推荐自己的产品。

例如，“我看您长时间为××所困，我相信您也想解决这个问题，是吗？”这个问题是站在客户的角度问出的，也关照了客户的心情，因此很自然就能引导客户作出“YES”的回答。类似的问句还有：“您是不是很想解决××问题，越快越好？”“这个××问题是不是对您产生了困扰？”“您有时是不是觉得××问题把您的生活弄得苦不堪言？”等。

（2）“跟价格比起来，您是不是更看重产品的品质呢？”

在销售工作中，销售员常常会碰到舍不得花钱的客户，这时销售员需要巧妙地让客户作出一个选择。客户确实倾向于购买价格便宜的产品，但是跟产品的品质比起来，大多数客户还是会觉得产品的价格是其次重要的。不过一般情况下，客户在看到产品价格时会忽视品质，销售员需要进行封闭式提问提醒客户要关注产品的品质。

例如，询问客户："跟价格比起来，您是不是更看重产品的品质呢？"通常客户会做出"YES"的回答。类似的问句还有："比起多了20元，您是不是更想买个安心呢？""我看您的品位很好，是不是很注重衣服的细节设计呢？""看您的气色很好，穿黄色的衣服会更显靓丽，您要不要看看呢？"等。

（3）"您是不是认为××是一件很重要的事情……"

有时候，销售员在向客户推销一款产品时，客户会下意识地拒绝，会觉得这件产品不会有太大的作用。面对这种情况，一般销售员习惯于立即向客户展现产品的优点。事实上，这种销售方式并不对客户的口味。这时销售员要学会"反套路"。

例如，如果你询问客户"您需要购买保健品吗？"客户可能下意识地回答："不需要。"但销售员换一种问法："您是不是认为保持健康是一件很重要的事情呢？"客户往往会回答："是。"

我们需要从客户的角度思考问题，让自己的提问贴合客户内心的答案。这种做法不仅不会引发客户的拒绝，还会让客户从"是不是认为"这句提问中嗅到更多的信息，会更有耐心地听完销售员接下来的讲解。类似的问句还有："您是不是觉得皮肤护理是一件很重要的事情？""您是不是认为保证孩子的营养是一件很重要的事情呢？"等。

（4）"我能这样理解您的……意思吗？"

销售员在向客户提问时，要积极地应用语言的艺术，学会置换概念，引导客户说"YES"。

例如，“您刚才说产品贵了，我能理解成您想购买性价比更高的产品吗？”其实“产品价格便宜”和“性价比更高”是两个不同的概念，但销售员巧妙地置换之后，就会引导客户说“是”，因为客户确实想要买到性价比更高的产品。这时销售员再给客户介绍一款性价比更高的产品，客户也就没那么容易产生抵触的心理了。

类似的提问方式还有：“您刚刚的……意思，是不是想表达……”“您刚刚是想说……是……对不对？”等。

（5）“换句话说，要不是因为……您会毫不犹豫地购买，是吗？”

销售员也常碰见这种类型的客户——明确对产品表现出了好感，但是因为产品的某个不符合其心意的地方如颜色而变得有所顾虑，甚至有放弃购买产品的打算。销售员这时就要明确地询问客户：“要不是因为……，您会毫不犹豫地购买，是吗？”

销售员进行此提问的目的有两个：一是让客户再次正视这个产品确实是自己心仪的；二是通过此问题来确定客户真实的想法。

这个问题提出之后，一般客户都会回答“是”，然后销售员就可以针对性地解决让客户产生顾虑的问题，进而促成交易。当然，也不排除客户回答“不是”，那么销售员就要进一步提问，以确定客户到底是因为什么而变得犹豫不决。

类似的提问方式还有：“如果没有××，您会更高兴地购买这件产品，是吗？”“除了××，您对这个产品还有其他的想法吗？”等。

在使用封闭式提问时，销售员一定要引导客户作出正面思考，并一步步地引导客户进入自己的频道，让客户做出“YES”的回答，并信服自己的感受。

销售工作 Keys

封闭式提问，让客户肯定你预设的答案，作有益于销售的思考。

02 好奇性提问：激发客户的兴趣

很多销售员被客户拒绝后，往往认为是自己的口才不好、说服能力差等。其实还有一个很重要的原因，就是你没能激起客户的兴趣。当客户未对你的销售建立起兴趣时，就不会投入感情，更不会耐心地听完你的介绍。

好奇性提问就是通过提问激发客户的兴趣，让他乐于甚至是期待你把话说完。例如，“您听说 × × 好消息了吗？”“这款产品有一个很独特的功能，要不要我给您展示一下？”“我这里有几个对您很有用的 × × 信息，您想了解一下吗？”“这个产品您现在还不太需要，我这里有更好的产品，要看一下吗？”等。

（1）“您听说 × × 好消息了吗？”

一般来说，大家都喜欢听好消息，也会被好消息激起强烈的好奇心。如果你刚好知道某个客户感兴趣的好消息，不妨直接问客户“您听说 × × 好消息了吗？”，引起客户想要得知答案的迫切心理。

销售员在使用这种提问方式时，要确定两点内容。

一是确定好消息确有其事，而不仅仅是为了吸引客户的注意而诓骗客户。

二是好消息是直指客户利益的。这样即便好消息的力度不够大，也能引起客户的注意。相反，如果销售员口中的好消息对客户来说无足轻重，那么这个好奇性提问就是失败的。

类似的提问方式还有："您听说我们××这项新规定了吗？""我们店内的××产品正在做满减优惠活动，有兴趣看一下吗？"等。

（2）"这款产品有一个很独特的功能，要不要我给您展示一下？"

销售员可以针对产品的独特功能和优势进行提问，一方面能激发客户的兴趣；另一方面如果这个独特功能刚好对客户的胃口，能极大地提升客户对产品的好感，增强其购买的决心。

类似的提问方式还有："这个产品有一个特别有意思的地方，您有没有兴趣看看呢？""这个产品一般不轻易展示，因为它有个特点十分有意思，您想看看吗？""这个产品跟一般的产品相比，有一个明显的优势，您想了解一下吗？"等。

（3）"我这里有几个对您很有用的××信息，您想了解一下吗？"

客户拒绝销售员推销的原因之一，是客户觉得销售员推销的产品或服务可能对自己没有什么帮助，或者没有什么有价值的信息，因此不愿意在这里浪费时间。一旦他们觉得你所推销的产品对自己有用，就会主动驻足。所以，销售员不妨把"有用"作为激发客户兴趣的提问重点。

例如，"我这里有几个对您很有用的××信息，您想了解一下吗？""这是我特地为您准备的××资料，您想看一下吗？""如果有一个办法能帮助您解决××问题，要了解一下吗？""如果有一个方法能帮您省下一笔花费，您想了解一下吗？”等。

一般情况下，客户的心理状态是这样的：“为什么说是‘对我’有用的信息？”当客户建立此疑问时，客户的好奇心也就被激起了。在好奇心的牵引下，客户当然很想知道这“有用的信息”究竟是什么。

销售员在使用这个提问句式的时候，要确保信息确实对客户有用，如如何购买产品会更划算、此产品如何帮助自己节省成本等。

（4）“这个产品您现在还不太需要，我这里有更好的产品，要看一下吗？”

不少销售员在推销时恨不得把所有的产品都介绍给客户。客户面对销售员的推销也会有这样的感受：销售员只是在卖产品，不管自己是否需要这个产品。

销售员不妨反套路，先指出客户现在所看的产品其实他并不太需要，推荐他去看更适合的产品。例如，“这个产品您现在还不太需要，我这里有更好的产品，要看一下吗？”“您皮肤白，穿深色的裙子简直是遮挡了您的美，店里刚好来了一批新货，要看看吗？”“您的身材比例很好，这款大衣难以显现您身材的曲线美，我这里有一件更适合您的，要看看吗？”等。

采取这种提问方式，客户一开始内心会惊诧，进而产生好奇，同时也会觉得销售员很负责任。在这样友好信任的环境下，客户会更容易接受销售员的建议。

销售员在使用这个提问句式时，要注意两点。

一是要根据客户的实际情况给予真诚的推荐。

二是要抱着真诚的心为客户提供服务，即站在一个旁观者的视角给出中肯的建议，不要夸张式地表扬，也绝不能消极式地打击。

好奇性提问主要是为了激发客户的兴趣。这就需要销售员尽可能使用巧妙提问来激发客户的兴趣，进而对你销售的产品产生新的认识或是惊喜之感。

销售工作 Keys

激起客户的好奇心，能帮你省下许多推销力气。

03 潜在性提问：戳中客户的痛点

客户之所以没有购买产品的念头，往往是因为这三种情况：

一是客户觉得没有立即购买的必要，销售员推销的产品或服务对自己来说可有可有。

二是客户想购买但因为价格等各方面的原因而强迫自己“忍痛割爱”。

三是客户并没有意识到问题的严重性，即觉得产品虽然对自己来说确实重要，但是自己还可以坚持一段时间。

面对这些情况，销售员不妨使用潜在性提问的方式去戳客户的痛点，凸显问题的严重性和危机性，以激发客户做出立即购买的决定。

（1）“多耽误一天，就会多损失一天，您觉得是不是很可惜呢？”

销售员有时会碰到这样的客户，即客户对产品有意向，但是觉得自己并不着急购买，觉得下次购买也不迟。

有一位客户想要购买一台新的洗衣机，因为家里的洗衣机用了很多年，现在出现了费水、噪声大的问题，于是客户有换掉的意向。但是这位客户觉得这似乎并不是一件迫在眉睫的事情，因此没有立即购买的打算，总觉得自己还可以将就着用用。这时，销售员小丽问这位客户：“您看中的这款洗衣机最大的卖点就是‘省水’，洗一次衣服的用水量只相当于您家中那款旧洗衣机用水量的1/3呢！一个月下来，能省下不少水费呢。您想想，多耽误一天，就会多损失一天，是不是很可惜呢？”

案例中，销售员小丽通过潜在性提问，让客户意识到“反正洗衣机早晚都要买，还不如趁早买。不仅能降低噪声，还能省下一些水费”。同时暗示客户：“如果您不尽快购买的话，你就又要多承担许多不必要的水费。”戳中客户“不想浪费”的痛点，加速客户做出购买的决定。

类似的问句还有：“多耽误一天，就多承受一天损失，您觉得是不是心里很不舒服呢？”“其实这是没必要的损失，能省就省了，您说是不是这个理呢？”“这些损失真的太可惜了，能省一笔是一笔，您觉得呢？”“反正早晚都是要买的，不如早买早安心，还能省下一笔钱，您说对不对？”等。

（2）“这个……问题会给您的健康带来……影响，长期下去……您觉得会带来哪些后果呢……”

这个提问方式多用于客户的健康问题。销售员在推销产品时会出现这样一种情况，就是客户确实有健康方面的隐患，但客户因为受到怕花钱、舍不得花钱的心理影响，而觉得自己能够再忍一段时间或者觉得靠自我调节就能缓解隐患等。

面对这种情况，销售员要提出如“这个……问题会给您的健康带来……影响，长期下去……您觉得会带来哪些后果呢……”“如果这个……问题长期耽误下去，下次就会花费更多的钱，是不是很没有必要呢？”“如果这个问题得不到解决，就会引发更多问题，到时会更麻烦，您觉得呢？”“××问题会对您健康造成……如果不引起足够的重视，会带来更多的问题，您觉得呢？”等问题。让客户意识到问题的严重性，戳中客户的痛点。一般情况下，客户会本着让健康有保障的心理而催促自己加速做出购买的决定。

（3）“如果错过这次优惠活动，下次想买的时候反而没有优惠了，您觉得是不是很可惜呢？”

有时销售员会通过一些优惠活动促进销售，但并不是每个客户在了解到有优惠活动之后都会购买产品。没有购买的原因可能是客户没有看到自己特别心仪或想买的产品，也可能是客户觉得下次还会有优惠机会，不一定非要等这次机会。销售员在意识到客户可能会有这样的心理之后，推销中要突出机会的珍贵性和难以获得性。

“现在是我们的活动期，全场商品一律8.5折，下次活动不知道会在什么时候呢？”以此暗示客户“赶早不赶晚”“想买要趁早”。因为不少客户即便看到商品打折会心动，也不急着买，认为等到下次商品有折扣时买也不迟。

“从下个星期开始，我们会上调产品的价格。先生/小姐，您如果现在购买的话，会省下一笔可观的费用呢。”以此暗示客户此次购买会很划算，从而戳中客户“想要获得折扣而省钱”的痛点，激发客户有所行动。

"您如果今天就下单的话，我们还会有礼品送，明天购买的就没有了，您会不会觉得很可惜呢？"其中"可惜"一词能很容易戳中客户的痛点，让客户唯恐错过了"好事"。

（4）"刚到的新货也就剩下这一件了，您不希望下次来的时候已经买不到了吧？"

不少客户在看上一件产品后，受各种因素的影响而不打算立即购买。这时候销售员可以使用限量销售法来强化客户有可能失去的遗憾。

> 一位客户看上了一件衣服，对衣服的款式、颜色都挺满意的，内心很想购买。但转念一想又觉得自己的衣服很多，再买一件似乎有些浪费，正在说服自己放下购买的念头。
>
> 这时销售员张晶不失时机地问了一句："这款衣服是我们店里卖得最好的，刚到的新货也就剩下这一件了，您不希望下次想买的时候却买不到了吧？"

销售员张晶通过提问，首先向客户暗示了产品的受欢迎程度，也暗示了客户的眼光好；其次表达出了"这次不购买，下次想买可能就没有机会了"，加深客户失去的遗憾，从而促使客户做出购买的决定。

类似的提问方式还有："这是我们店里这款鞋子的最后一双了，您决定要了是吗？""这是我们店里卖得最好的一款产品，也就剩下这几个了，您是想现在就买吗？""这款产品有很多客户已经预订了，现在没有被预订的只有这几盒了，您也要一盒是吗？"等。

潜在性提问的重点就是要加重客户失去的痛苦感，进而催促客户不得不（为规避痛苦）做出购买的决定。销售员在使用潜在性提问时，无须将重点放在讲述产品的优点上，只要告诉客户“产品的销量和余量”“产品库存不足”等信息，就能对客户产生推动作用，促使客户加速做出购买的决定。

销售工作 Keys

戳中客户的痛点，才能戳中让客户购买的成交按钮。

04 引导性提问：引导客户的需求

有时候客户自己都没有发现自己的需求，或对自己的需求熟视无睹，这就需要销售员通过提问巧妙地把客户的需求引导出来，让客户意识到需求的存在并产生满足需求的想法。

引导性提问一般是预先设置话术，先拟好一个语言框架，然后引导客户进入这个框架。一般多使用“是什么”“为什么”，将客户往自己希望发展的方向引导，以使客户作出有益于销售的思考，让客户说出你想要的结果。

（1）“是什么问题让您现在如此困扰，这困扰有多长时间了？”

销售员需要引导客户说出自己的问题，当客户对自己的问题有清楚的了解之后，就会形成解决问题的意识。因为客户通常并不了解自己的隐性需求，就更不会形成满足需求的念头。这时候销售员就需要从客户的抱怨、不满中找到问题进行提问，帮助客户正视问题的存在。

类似的提问方式还有：“您现在为什么问题而困扰？”“您为什么最近总是闷闷不乐的，发生什么事情了吗？”“您的脸色看上去不是很好，遇到什么问题了？”“您觉得您抱怨的源头是什么呢？”

销售员要通过这些提问，帮助客户对问题形成新的认识，并让无形的抱怨、困扰变得具体化，进而将自身情况与需求建立紧密的联系。客户一旦明白了困扰自己的问题是什么时，就会因为不想继续忍受困扰而产生解决问题的念头。

（2）“如果这个问题持续下去，会给您带来什么影响和后果呢？”

销售员使用引导性提问的关键在于，通过引导让客户说出问题带来的严重后果，进而将客户的注意力导向问题所带来的影响上。通过扩大问题的严重性让客户充分地意识到如果不解决问题（满足需求），将会带来更严重的后果。

销售员在推销一款帮助睡眠的枕头。客户因为长期失眠而睡眠质量不太好，但是他并不觉得这是什么大问题，只觉得失眠是件很小的事情。

这时销售员需要通过提问引导客户的需求，让客户产生需要：“如果失眠的问题不改善，您觉得会带来什么样的后果呢？”

客户可能会回答：“整个人的状态会不太好，人会没什么精神。”

这时销售员需要先认可客户的回答，然后再扩大问题的严重性。如果客户是位女士，可以从“睡眠不好会带来皮肤问题，如脸色暗黄”等角度进行引导，让客户意识到解决问题的重要性；如果客户是位中年男士，可以从“睡眠不好会给第二天的工作带来负担、损害身体健康”等角度进行引导；如果客户是位老年人，可以从“睡眠差会降低身体机能”等角度进行引导。扩大问题的严重性的主要目的在于引导客户立即购买产品解决问题。

这种提问方式的好处在于能够顺其自然地将客户的隐性需求变成显性需求，而这个结果是客户提出来的，因此也更切合客户的实际情况。

类似的提问方式还有：“这个问题不光难以解决……还会让自己的心情郁闷，您是不是有这样的感受？”“这个问题后续还会带来更多的麻烦，您是不是也有这个担心呢？”“这个问题拖下去，会带来别的问题，不知道您的看法是怎样的呢？”等。

（3）“您如果不及时解决这个……问题，是否会带来更大的麻烦呢？”

这个问题比第二个问题“如果这个问题持续下去，会给您带来什么影响和后果呢？”的提问程度更深，销售员已经很明显地在告诉客户要解决问题了。如果问题不解决，会带来更大的麻烦。

一般情况下，即便客户原本并没有产生及时解决问题的渴望，在听到销售员这句提问时也会感觉自己有压力，而后会为解决问题而行动。类似的提问方式还有：“如果多耽误一天，您知道对您的健康意味着什么吗？”“如果每次遇到这种情况都想着忍一下就过去了，时间久了，您知道会造成什么消极的影响吗？”等。

（4）“如果每次在……都遇到这样的情况，那您一年在 × × 方面会损失多少呢？”

不少客户在经过销售员的引导后也意识到了问题的存在，但是依然不急于立刻就解决问题。这时候，销售员需要从侧面来引导客户重视问题，例如，“如果每次在……都遇到这样的情况，那您一年在 × × 方面会损失多少呢？”“如果多耽误一天，会给你们带来什么影响呢？”“如果这个问题不解决会导致您公司的生产成本增加吗？”“这种情况会不会影响您的身体状态呢？对其他什么地方还有影响吗？”等。

这个问题的提出，重点在于突出时间的紧迫性，暗示客户“不同时间解决问题会产生不同的效果，如果错过了解决问题的最佳时机，就有可能引发更多的问题”。同时引导客户“如果真抱着想要解决问题的心态，那么长痛不如短痛。之前是没有意识到问题，现在既然意识到了，就要做出最好的努力”作出这样的思考，那么客户想要立刻购买的需求很快就会产生。

引导性提问的目的就是要让客户产生解决问题的需要，暗示客户如果不解决这个问题，将会带来更大的麻烦或困难，进而催促客户做出满足需求的行动。需要强调的是，销售员在引导客户时要让客户自己去找寻问题的答案，而不要主动给出你的答案。因为只有自己找到的答案，才最为真实、有信服力。

销售工作 Keys

引导性提问，让客户自己产生解决问题的需要。

05 诊断性提问：强化产品的价值

诊断性提问就是基于对客户基本情况的了解，指出自己的产品刚好能有效地解决他们想要解决的问题。

诊断性提问就像是医生问诊。

> 医生询问："你最近有什么症状？"
>
> 病人："牙疼。"
>
> 医生进一步询问："是阵痛还是隐痛？"
>
> 病人说："阵痛。"
>
> 医生接着问："疼多长时间了？"
>
> 病人："有2天了。"
>
> 医生："那你吃这个××药吧，这个就是专门治牙齿阵痛的，里面的××成分能够帮助你缓解疼痛，而且还能……"
>
> 这个医生就是通过简短的询问来诊断病人的情况的，并根据诊断结果给病人找到了一个"产品"——药，并强化了这个药品的价值，即主治牙疼。

在销售中同样也是如此，销售员首先要诊断客户的痛点，并就痛点向客户介绍自己销售的产品，在这个过程中，强化产品的价值。这里的价值有两个意思：一是强调产品能够解决客户的问题的价值，即产品本身的功能价值；二是把这个价值与同类产品的价值作出区别，体现出该产品的独特性。

（1）“您是受到……困扰吗？这个产品就是针对解决……的。”

如果客户对某款产品表现出想要了解的兴趣，销售员不必急于介绍产品的优点，可以借助诊断性提问：“您是受到……困扰吗？”“您是不是因为……而困扰？您可以了解一下这款产品，很符合您……的情况。”“这款产品有××，是针对××，您想要了解一下吗？”然后再指出这款产品可以有效地解决客户所担心的问题。

一位女客户正在看一款护肤品。销售员注意到客户手上拿的护肤品的主要功能是提亮肤色、收缩毛孔。

销售员问道：“您好，您是受到肤色暗沉的困扰了吗？”

客户回答道：“对，我因为长期熬夜而肤色暗沉，还出现毛孔粗大等现象。”

销售员点头表示了解：“您现在手上拿着的这款产品就是提亮肤色、收缩毛孔的。”

销售员首先通过观察客户关注的产品初步诊断出客户的问题所在，然后再通过提问进一步确定其诊断，最后基于诊断点出产品的价值和作用。

（2）“这款产品是主打××的，我看您浏览了很久，想要试一试吗？”

诊断性提问就是通过提问不断得出新的结论，并用新的结论一步步澄清事实，得出最终结论。销售员需要先从客户的前期表现得出初步结论，即客户对这件产品的感兴趣程度。一般来说，如果客户在一件产品上目光停留超过5秒钟，就说明他对这件产品有兴趣。这时，销售员再以诊断性提问从产品的功能上强化产品的价值。

> 客户看上的是一件质量上乘的衣服，销售员要进行诊断性提问：“这件衣服很衬您的气色，您要试一试吗？”
>
> 如果客户愿意一试，说明客户喜欢程度更甚。销售员接着要进一步澄清：“这件衣服是我们店里面卖得最好的，好穿还时尚。您喜欢腰部的这种设计吗？”
>
> 客户回答说：“挺好的，收腰方面很不错。”
>
> 到此，销售员已经可以基本确定客户是喜欢这件衣服的，接下来只需要加大火力进一步介绍：“这件衣服的面料很轻薄，穿着是不是感觉很清爽？而且这个款式也很经典，既可以日常上班穿，也可以在朋友聚会的时候穿。您觉得呢？”

类似的提问方式还有：“这款产品的优势在于……刚好契合您的要求，现在要看看吗？”“这些产品都是为……设计的，您有这方面的需要吗？”等。

（3）“您刚刚提到的……我们刚好有针对性的产品。您要先感受一下吗？”

客户在购买一件产品时，心中会有对比，希望自己买到的产品是完美产品。而销售员其实并不确定客户心中的完美产品是什么样的，所以可以通过提问诊断出客户心中完美产品的模样；接着将客户心中对完美产品的要求和期待明确下来，强化自己销售的产品上的某些能够契合客户对完美产品要求的价值。

销售员在强化产品的价值时，不要盲目地强化，而是要根据客户对产品的期待和要求来强化产品的某些特点或功能。例如，“您刚刚提到的……我们刚好有针对性的产品。您要先感受一下吗？”“这个产品和……比起来，优势在于……您觉得哪个更符合您的要求呢？”“您说到……我们这里有这样几款符合要求的产品，您更喜欢哪一款呢？”“您刚刚说到的……刚好我们进了一批新产品，您看看哪个更符合您的要求？”等。

诊断性提问就像是医生问诊一样，销售员需要通过提问找到客户所在乎的“点”，并就这个“点”强化产品的价值，让客户自己做出购买的决定。

销售工作 Keys

强化产品的价值，让客户觉得产品是为他量身定制的。

06 重复性提问：增强自身的说服力

重复性提问就是以提问的方式来重复客户的话语或观点，以此来增强自己产品或服务的说服力。这种提问方式有以下3个好处。

一是能够检验出客户对产品的真实看法，加深客户对产品的印象，如果从客户的回答中得知销售员误解了客户的意思，也能当场纠正；

二是保留沟通的余地，销售员可根据客户的回答做出更恰当的反应，避免态度过于直接；

三是销售员可以通过重复性提问方式来减弱客户的抵触情绪。

销售员在使用重复性提问时，要做好“重复客户话语+观点陈述”，并使用反问的方式再问出来，能大大增强自身的说服力。

（1）“您的意思是希望我们给您更多的……是吗？”

在销售活动中，客户往往会提一些要求，比如希望销售员能给更多的优惠或折扣。销售员若接收到客户表达出的类似信息，但又不确定是否满足了他的要求就可以实现成交，可以进行重复性提问。例如，“您的意思是希望我们给您更多的优惠，是吗？”“您的意思是希望我们能给出一定的折扣，是吗？”“您的意思是希望我们给您多一些个人选择的时间，是吗？”等，以此进一步确认客户的想法，同时也能增强自身的说服力。

这里增强自身的说服力表现在对客户的想法做出及时且坦诚的反应，而不是抱持遮遮掩掩或似是而非的态度。

（2）“您刚才的意思是，由于我们……给您造成了很大的损失，是吗？”

若遇上客户投诉，销售员在向客户重复性提问时，首先要明确并精准地概括出客户话语的中心意思，然后再把产生负面影响的原因归结到己方身上，以此表现出对客户极大的理解和尊重，并宽解客户负面、消极的情绪。

“您刚才的意思是，由于我们……给您造成了很大的损失，是吗？”这句提问透露出两个信息：一是销售员对客户的核心观点进行重复，同时将这一切的原因归咎到己方身上，不引起客户的抵触心理；如果客户不是这个意思的话，双方还可以再度沟通。二是销售员以真诚友好的口气提问，也会让客户抱着真诚友好的态度作下一步的沟通。这样一来，即便客户确实出现了不满，也不会产生更大的冲突。销售员也方便进一步消除客户的不满和疑问，增强自身的说服力。

类似的提问方式还有：“我能这样理解，因为我们……给您带来了困扰，是吗？”“也就是说，因为我们……给您造成了损失，是吗？”等。

（3）“我能理解成，您刚刚是说先付60%，剩下的40%要等到验货后再付，是吗？”

重复性提问不一定都是以客户的不满和抱怨作为重复的重点内容，也可以就一些需要确定的重点内容进行重复。例如，“我能理解成，您刚刚是说先付60%，剩下的40%要等到验货后再付，是吗？”这是就付款部分进行重复性提问，以向客户确认。

类似的提问方式还有：“您的意思是说，如果我们能给出一些额外的优惠，您这边会加大采购量，是吗？”“也就是说，如果我们这边能够帮助您解决这个问题，就会……是吗？”等。

（4）“您的意思是，我们产品的××方面您很满意，只是在××上还让您有顾虑，是吗？”

有时，客户对销售员所推销的产品表现出了一定的好感，尤其是对产品的某个方面很满意，但就整体而言对产品还是存有一定的质疑。这时，销售员可以借助重复性提问，确认客户的疑虑，以对症下药。例如，“您的意思是，我们产品的××您很满意，只是在××上您还有顾虑，是吗？”“您的意思是说，您很喜欢我们的产品，只是对××还不是很确信，是吗？”“您的意思是说，如果能解决××问题，您这边对产品就没有什么其他的疑虑了，是吗？”等。

值得一提的是，销售员在进行重复性提问时，要注意自己的态度和语气，否则若将重复性提问变成了不怀好意的反问，就会激起客户的逆反心理。

销售工作 Keys

重复性提问是增加说服力的一个简单又好用的说话技巧。

07 选择性提问：催促客户立刻成交

不少销售员在推销时，常常询问客户：“您喜欢哪一款呢？”“您最喜欢什么型号呢？”“您想购买一个什么样的产品呢？”等。从表面上看，这种提问方式十分尊重客户的想法和建议，但是从实际销售结果来看，这是一个浪费时间和精力的行为。

首先，客户有时也不知道自己想要什么，甚至会有选择困难症，只知道自己要购买到好的产品；其次，当销售员提供一个较广的范围让客户做出选择时，客户会因为不知如何选择而陷入迷茫当中，这样也会让销售员无所适从；最后，这种销售方式会拉长销售进程，降低销售效率。

相反，当销售员使用让客户从两者中选择一个的提问方式时，客户会下意识地做出选择。

（1）“您是买给自己用，还是送给别人呢？”

客户购买的产品既可以自己用，也可以用来送人。如果销售员摸不清情况就向客户推销，可能会招致客户的厌烦。正确的做法是，如果客户不愿意将自己的购物用途向销售员交代，销售员就要学会另寻途径去了解。

例如，询问客户：“您是买给自己用，还是送给别人呢？”当客户听到这样的提问时，会下意识地给出自己的答案，然后销售员可以根据客户的回答接着推销。如果产品是买来送给长辈的，销售员就要着重介绍适合长辈的、长辈可能会喜欢的产品给客户。此时客户会更容易接受销售员的推荐，并跟着销售员的思路走，如此一来，就更易成交。

类似的提问方式还有："这款产品您是自己用呢，还是送给朋友呢？""您买这款产品是家用，还是送礼呢？"等。

（2）"您是喜欢甜，还是酸？"

这个提问是从产品的口味、原料、款式和颜色等方面进行选择性提问。这是两选一询问法，为客户限制了范围，让客户在自己给出的两个答案中作出选择。无论客户选择哪个，都是在说"YES"的回答。

销售员在销售橘子时，摸不清客户到底是喜酸还是喜甜时，就不要贸然地说"我们这是酸橘子"或"我们这是甜橘子"。如果想要甜橘子的客户在听到销售员说"这是酸橘子"时，就会放弃购买。反之亦然。

相反，聪明的销售员会事先将橘子分成酸的和甜的各一堆，再提问："我们这里有两种橘子，您是喜欢酸橘子还是甜橘子？"无论客户怎么回答，销售员都能给客户提供他想要的橘子。

销售员在使用这种选择式提问时，需要围绕自己推销的产品展开。这样无论怎么问，都是指向产品的。

类似的提问方式还有："您是喜欢原味的，还是草莓味的？""您是喜欢长款，还是短款？""您是喜欢浅色，还是深色？""您是喜欢酸李子，还是甜李子？""您是喜欢吃软一点的，还是硬一点的？""您是喜欢吃咸一点的，还是甜一点的？""您是喜欢拉链式，还是扣子式？""您是喜欢高跟的，还是平跟的？""您是喜欢宽松版，还是紧身版？"等。

（3）"您觉得我们的产品哪一点让您难以取舍呢？是颜色还是款式？"

如果客户迟迟没有做出购买的决定，表情纠结或迟疑，说明客户对此产品是有需求的，但是因为某些原因而难以抉择。

此时，销售员就不要再自顾自地向客户介绍自家产品的优点，而是以客户的感受为主，并以此建立突破口，提出问题让客户回答，以探知客户真实的想法。

这种提问有一个显而易见的好处就是能确定客户的需求点，得到客户的真实答案。

例如，"您觉得我们的衣服哪一点让您难以取舍呢？是颜色还是款式？"如果客户内心有答案，就会给出答案。如客户不喜欢这件衣服的颜色，那么，销售员就可以根据客户喜欢的颜色进行推荐，有的放矢地解决问题，成交概率会更大。

（4）"我们是今天下午就送货，还是明天上午送货您比较方便呢？"

有时客户虽然已经有了明确的购买产品的打算，但还是不急于一时成交。这时销售员就要学会“促一把火力”，让客户加速做出决定，促成当场成交。当销售员问客户：“我们是今天下午就送货，还是明天上午送货您比较方便呢？”客户会下意识地做出决定，无论是选择“今天下午送货”还是“明天上午送货”，都表示客户已经决定购买这款产品。

销售员在使用这种提问方式时，要确定两点：一是在销售过程的后半部分提出来，即客户对产品有明确意向时再顺其自然地提出来，此时的提问不仅不会显得尴尬，还能让客户感受到您确实在为他的方便考虑；二是销售员在提问的时候，要真诚温和，而不是抱着“客户非答应不可”的姿态。

类似的提问方式还有：“您是选择现金支付，还是刷卡呢？”“您是打算今天上午签合同，还是下午签呢？”等。

选择性提问为客户限定了答案范围，即客户无论作何选择，无形间都已经承认了这笔交易。同时，也能有效地帮助客户在两种选择之间作出选择，进而帮助销售员打破销售僵持局面，加速成交。

销售工作 Keys

二选一式提问，让你的客户加速做出购买决定。

第 7 章

快速成交：找准“七寸”，当场就签单

在销售成交阶段，不少客户会因为各种原因拖着不愿成交。此时销售员就要找准“七寸”，快、准、狠地“打”下去，实现快速成交。

01 提前设计成交方案

为了销售能够顺利成交，销售员要提前设计好成交方案。但也有一个不争的事实就是，成交时机瞬息万变，销售员也不能确定客户在哪个点就选择成交了。因此，为了随时抓住成交机会，销售员要做好万全的准备。

销售工作 Tips

成交方案的两大核心

核心一：有可以瞬间促成销售成交的点，包括优惠政策、直指客户利益的内容、作出的承诺等。

核心二：有通用的成交话术。

（1）成交方案的重要内容

成交方案的重要内容是优惠政策、直指客户利益的内容、作出的承诺等，这些都会催促客户作出购买的决定，大大提高成交的机会。

①优惠政策

不少客户在面对优惠政策时，都会本着“不浪费这次折扣或优惠”的心理去购买产品。例如，“这是我们剩下的最后3件产品了，打

8折。”“今天全场产品一律9折优惠。”“您看上的这款产品正在做活动，您如果另外再选购一件产品，会享有8折优惠。”等，这些优惠政策会促使客户作出购买的决定。

除了优惠政策外，客户对某些“限时限量”的产品也很感冒，为了减少失去的遗憾，客户也会作出购买的决定。例如，“这款产品的5折促销活动截止到今天就结束了，明天就会恢复原价。您要是真喜欢，可得趁早啊！”“这款产品是我们为了答谢VIP客户特别设计制作的，全球限量50件。刚才我查了一下库存，只剩下3件了呢！”等。

②直指客户利益的内容

这里的利益是指客户拥有所售产品之后所产生的利益，即购买后可以享受到的产品的功用。

销售员在向客户推销一款电动牙刷。客户对电动牙刷的去除细菌、去渍能力有所心动，但是让自己花上是普通牙刷近10倍的价钱购买，客户还是有些舍不得。销售员在推销的过程中，其实知道客户是有成交意愿的，但迟迟下不了决心。

销售员了解到客户是一位上班族，每天早上要起很早去上班。于是销售员说：“您买下这款电动牙刷，早上起床后，您可以闭着眼睛、不费力气地刷牙，这时您还可以眯着眼睛缓冲5分钟左右。等牙齿刷干净了，您也不困了。”

客户听到这里，眼睛明显一亮，附和销售员的话：“确实是这样，我早上起得早，就是刷牙那会儿感觉困得不行。那我买一只支吧，您刚才说买这个牙刷会送两个刷头是吗？”

上面的案例中，销售员的说辞直指客户的利益，将产品的功用和能提供给客户的切实利益连接了起来，让销售顺利实现成交。因此，销售员在设计成交方案时，要找到产品最能直接提供给客户并让客户无法拒绝的利益是什么，把它告诉客户。

③作出的承诺

在销售工作中有一种很常见却也容易被忽视的现象就是，有时客户对产品本身很满意，对产品也有明确的需求，但因为担心产品的售后等问题，迟迟没能下定决心购买。因此，销售员在设计成交方案时，也要将“作出的承诺”这部分内容重点考虑进方案之中，提高客户想成交的信心。

首先，销售员在销售进程的后期，需要明确地向客户保证并确认会免费送货上门、免费安装、提供“包修、包退、包换”服务等，给予客户安全感。

其次，除了产品的售后服务是客户所关心的，同时销售员对客户购买产品时所承诺的优惠政策、折扣方式、抽奖活动、赠送礼包等也是客户很关注的信息，也会影响到成交结果。因此，销售员对这一部分内容也要向客户作出承诺。例如，销售员在快成交阶段时说：“您放心，您如果购买我们的产品，我们肯定会送给您一个大礼包的。”

有时候，只是一句再次强调的承诺就可能会帮助你实现成交。

（2）通用的成交话术

成交话术也是销售员在设计方案时需要考虑的重要方面。好的成交话术能够一句抵千句，让销售员省下许多力气。

销售工作 Tips

几种通用的成交话术

“陈先生，我们这款产品是卖得最好的，您如果不及时决定，会……”

“张小姐，我刚才是哪点没解释到位，所以您要再考虑一下呢……”

“李先生，购买我们产品的前100名客户，享受折上折优惠……”

“这款产品就剩下这3件了，您要是想要，就得抓紧了……”

“这款产品是我们的畅销款，最新到的一批货也就剩下这几件了……”

“今天是我们的周年庆，所有的产品一律9折，下次不知道要等到什么时候了……”

“您是喜欢黑色的这款，还是白色的这款……”

“您是希望今天下午就送货到家，还是明天上午呢……”

“您希望产品是送到您公司，还是您家呢……”

销售工作 Keys

一套好的成交方案，能够让销售工作事半功倍。

02 识别成交信号

当客户有成交意向时，会释放出一定的信号。销售员可以从客户的语言、动作、表情、眼神等来识别成交信号，了解客户对产品的喜好程度、购买意向等，并对这种信号进行确认，给出契合客户心意的信号，实现成交。

（1）语言信号

客户想要成交的信号往往能够通过语言透露出来。销售员要从客户的语言上进行觉察，积极识别，并与客户保持在同一频道，以尽快达成成交。一般来说，客户在语言上的成交信号有以下几种。

对产品赞不绝口，毫不掩饰地表现出对产品的喜爱。例如，“这个颜色真的挺好看的。”“这款式好新颖啊！”“我好喜欢腰间的设计啊！”“这真的太好看了！”等，这些都是语言成交信号。

询问身边人的意见。例如，“你觉得这个颜色适合我吗？”“这长度怎么样？”“你觉得我穿这衣服好不好看？”等。这些说明客户自己内心已经认可了这件产品，这时他需要根据身边人的建议验证自己的想法，加速自己作出购买的决定。

询问产品的细节问题。例如，“这里会不会裂开啊？”“这个用起来会不会磨手？”“这个拉链好拉吗？”等。这些都说明客户对产品整体是比较满意的，只是想就细节问题再次向销售员征询一下，以彻底打消自己的顾虑。

询问售后服务问题。例如，“你们提供送货上门的服务吗？”“你们提供免费安装服务吗？”“你们这里包退、包修吗？”等。客户关注售后服务说明客户购买产品的意向已经十分明确了，只要销售员能够给出客户想要的答案，如免费安装、免费送货上门等，客户基本上就已经同意购买了。

再次询问之前确认过的问题。例如，“我还是想问一下，您确定这地方不会裂开吗？”“这里真的不会开线吗？”等。询问此类问题说明客户内心已经做了购买的决定，只是因为某些不放心因素使他再次发问。只要销售员给出明确的肯定回答或者作出承诺，客户就会立马买下。

销售员可以根据以上几种情况对客户的语言进行觉察，并做出积极回应，帮助客户解决问题、消除疑问，促成成交。

（2）动作信号

销售员还要从客户的动作上进行觉察，以及时识别成交信号。客户的动作尤其是无意识动作，更能真实地反映出当事人的内心活动和想法，可以从中发觉其打算成交的信息。

反复、仔细地端详、触摸产品。例如，客户双眼不停地打量产品、双手无意识地在产品上磨蹭，说明客户内心是很喜欢这个产品的。

从各个角度查看试用效果。例如，客户试了一件衣服后，从正面、侧面、背面反复查看，而不是试穿后立即脱下。客户试穿的时间越久，成交信号就越强烈。

眼睛紧盯着产品，并在销售员赞美产品时会跟着下意识地点头。这种情况说明客户对产品很满意。

无意识地靠近销售员，仔细聆听销售员的话语。其间动作自然而闲适，并没有出现不耐烦的表情。

当销售员察觉到以上信号后，就要积极地赞美客户的眼光、肯定客户的选择，并点明产品与客户的契合度，以促进成交。

（3）表情信号

客户的表情中也会藏着很多成交信号，比如：

眼神有神采，盯着产品时感觉眼睛在放光。

眼珠转动很快，而不是没有精神、纹丝不动的模样。

抿着嘴巴对比两款产品。此种表情说明客户此时内心是心仪这两款产品的，只是需要在这两款产品中作出抉择。

脸颊放松，表情自然而平和，较有耐心地听销售员介绍产品信息。

整体面部表情传递出来的是友好和善，而不是漠不关心或冷淡疏离。

销售员要积极地对客户的表情进行觉察，捕捉客户的成交信号，而不要一味地将注意力放在自己的产品和产品介绍上。

（4）眼神信号

眼神信号本属于表情信号，这里单独拿出来介绍，是想强调眼神信号的重要性。销售员可以从客户的眼神中去感受客户对产品的喜好程度。

眼神变得越发坚定。这说明客户已坚定了购买产品的决心。这时销售员就需要加大对客户已经看上的产品的宣传力度，突出这个产品的功能和优势，而不是再转移客户的注意力，介绍其他的产品。

眼神变得越发有神采。这说明客户对这件产品是感兴趣的，而不是在泛泛地了解产品信息。

瞳孔变大。这说明客户对你刚才所说的内容很感兴趣，甚至有惊喜的感觉。这时销售员要加大介绍力度，并询问客户的想法和建议。

客户眼睛不时地看向销售员，并传递出真诚，而不是无意识地、盲目地扫视。这说明客户对你的介绍很感兴趣，也希望了解到更多的信息。

总之，当客户有成交意向时，会从语言、动作、表情、眼神等方面泄露信号。销售员一旦捕捉到这些信号，就要抓住时机，催促客户马上下单。

销售工作 Keys

及时识别并抓住成交信号，让成交变成一件水到渠成的事情。

03 假设成交：引导客户作出正面回应

销售员在销售工作中都遇到过这样的情况，就是确实已经察觉到客户的成交信号，客户对产品也有很大的兴趣，但是离真正的成交还是差了一步。如果销售员询问客户："您还有什么想要问的吗？"往往也得不到答案。其实客户内心对产品信息了解得也蛮透彻了，没有什么大的疑问，只是销售员还没能完全地拨动客户想成交的最后一根心弦。

此时，销售往往会陷入一个停滞不前的状态。销售员不妨通过假设成交法引导客户作出正面回应。

假设成交法就是，销售员假定客户已经决定购买产品，产品已经归客户所有，销售员再引导性地促成交易的一种成交方法。假设成交法的关键词是："要是""如果""假使"等，其优点在于能够获得更多的客户信息，也使成交变得更为自然，不会让客户觉得你在冒犯他。

销售员在使用假设成交法时，要注意时机。一般使用在销售活动后期，即客户已经明确地表现出自己对产品的喜爱、也打算购买产品。如果在销售活动初期，销售员使用假设成交法，只会给客户增加压力，反而不利于销售活动展开。

假设成交的内容可以是付款方式、付款时间、送货地址、送货时间、购买数量等，以此引导客户作出正面回应。

（1）“您认为我们什么时候上门为您安装比较方便呢？”

如果客户已经明确了对产品有需求，且对产品有一定好感时，销售员无须再询问客户的看法，而是要主动询问客户：“您认为我们什么时候上门为您安装比较方便呢？”把问题交给客户，但又不至于让客户有压力，以此打破僵局，引导客户作出正面回应。

> 客户看上了一款空调，并表现出准备购买，却迟迟没有提出付款。销售员于是询问客户：“您希望我们什么时间把产品送给您呢？”

这时客户可能会有以下两种答案：

一是直接给出明确的答案，如“明天上午十点比较方便，那时我在家”。

二是表达出自己的内心想法，如“我还要再想想，我还有一个问题需要确认一下，就是……”或“先别忙着送货，我还有一个问题想问你们一下，你们家的这款空调节能性怎么样？”接下来销售工作就转入另一个方向，销售员可针对客户最后的顾虑作出解答，直到客户消除顾虑。

无论客户给出哪种答案，都是好事。前者显示出客户已经要这款产品了，后者也会打破销售僵局，若进一步解决了客户的问题，便能促进成交。

（2）“请问您要买几件？”

当销售员询问客户“请问您要买几件”时，透露出来的信息是，销售员不仅假设客户已经购买了这款产品，还不止买了一件。如果客户此时内心还有顾虑，就会立即提出自己想问的问题；如果内心没有疑问或疑问无关紧要的话，客户就会明确自己要购买的件数。

（3）“如果我们再降价10%，今天可以签合同吗？”

有时销售员和客户的谈判会陷入僵局，客户方并不会把自己的想法说给销售方听，此时销售员就要巧妙提问：“如果我们再降价10%，今天可以签合同吗？”在这个问句中，“如果”一词已经假设成交了，这时客户也会作出正面回应，表达自己对此的看法。

引导客户作出回应，把决定权交到客户的手上，比让双方暗自揣摩更能促进销售成交。无论客户说“愿意”或“不愿意”，此时问题都已经引入一个更深的方向，更易于快速解决问题，实现成交。

（4）“我们把货物送到哪里比较合适呢？是您家还是您公司呢？”

当客户看上一件产品，而又没有立马成交的时候，销售员可以询问一句：“您觉得我们把货物送到哪里比较合适呢？是您家还是您公司呢？”当客户听到这个问题，会下意识地作出回答，如回答说把货物送到家里。

当然，此时也会有另一种答案，比如客户说：“先不忙着送货的事情，我还有一个问题想要确认一下……你们这款产品有折扣吗？”

一旦消除了客户的疑问，就会促进成交。

这种提问适宜出现在客户对产品本身并没什么不满甚至很喜欢时，但是一时又不急着成交，此时销售员为了加速成交进程可问出此句。同时也要注意提问的方式，要语言温和、表情真诚，让客户感受到你有为他的方便而考虑。

（5）“您看我是给您包白色的这款，还是黑色的这款？”

当客户已经明确对产品表现出兴趣，并有购买的意向，但是一直没有立即购买的打算时，销售员可以从细节之处做文章，如产品的颜色、款式、大小、重量、体积等，引导客户作出相关的购买选择，以加速成交进程。例如，“您看我是给您包白色的这款，还是黑色的这款？”“您看我是给您拿宽松一点的，还是紧身一点的？”“您是要体积大一点的，还是体积小的？”等，以此引导客户作出正面回应。

值得强调的是，销售员在使用假设成交法时，要注意自己的语气和态度，要以协商、讨论的语气进行询问，保持轻松、友好的气氛。

销售工作 Keys

假定客户已经购买了你的产品，引导客户作出正面回应。

04 体验成交：让客户自己说服自己

销售员为了说服客户购买产品常常将产品夸得天花乱坠，可这些并不能实际地打动客户，因为如果客户对此没有切实的感受，自然不会充分信服。如果销售员过度宣传产品，还会引起客户的反感。

在此情况下，销售员可以使用体验成交法。体验成交法是为了让客户对产品有全方位、深度的了解，为了增强客户购买的决心和信心而采取试用或模拟体验的一种成交方法。它是让事实和实际效果说话，给客户创造了美好的体验，抵得上销售员的“千言万语”。

当客户在体验中感受到了产品的价值和作用，客户自然就会说服自己购买。

（1）引导体验

体验成交的第一步，也是很关键的一步就是引导客户去体验，去切身感受产品的优点和益处。客户自己在体验产品时所带来的感受是最真实、最直接的，如果客户确实感受到了产品给自己带来的美妙之处，自然就会说服自己，从而促进成交。

但是因为对推销的刻意排斥、不信任或者个人性格等原因，不少客户在面对销售员的体验邀请时会表示拒绝。这个时候，销售员不要以为客户是真的不想体验，也许他只是客气一下。即使他是真的不想体验，在你的再三邀请、引导下想必也难以做到坚决地拒绝。当然，赶时间和完全没有购买意愿的客户不在我们讨论之列。

客户想要购买一款护肤品。销售员介绍说：“这款护肤品针对的是干性肤质，吸收快，保湿时间长，特别适合您的肌肤。”

客户：“效果真的有这样好吗？”

销售员：“您可以体验一下我们的产品。”

客户拒绝：“还是不了，我自己先看看吧。”

销售员没有放弃：“不麻烦的，您可以在手背上试一试，感受一下。不感受一下，您可能会后悔哦！”

客户想想也是，就说道：“那我就试试吧！”

案例中，客户一开始是拒绝体验的，但是在销售员“不麻烦”“会后悔”的坚持下，最终答应了“试试”。在引导客户体验这个环节，销售员要营造出一种“客户不体验会很遗憾”或“没机会见到产品的功效”来引导客户为了一探究竟而去体验。需要注意的是，语气要轻松、愉快。

（2）描述体验

销售员在客户体验之时，要用语言配合描述体验。其目的在于增强客户的体验效果，让客户的感官体验随着销售员的描述形成正面印象，不断印证销售员的描述，提升客户购买的欲望。

销售工作 Tips

描述体验的两个关键点

关键点一：描述体验是为成交服务的，因此在描述的时候，要完美地凸显产品的优点和益处，让客户对产品形成正面印象。

关键点二：多使用一些感官性的词语，包括视觉、触觉、听觉等方面的，如“看看”“摸摸”“靓丽”“悦耳”“柔软”“柔和”“鲜艳”等词语。

一般来说，客户购物时的体验主要是感官体验，它是通过视觉、听觉与触觉等感官建立起来的体验。而不同的客户偏好使用的感官也是不同的。同时，不同偏好感官体验的客户也需要销售员灵活应变，使用他们熟悉的方式与他们交流，进而提高成交效率。

①视觉系客户购物特点及应对策略

销售工作 Tips

视觉系客户购物的特点

1. 他们使用“眼睛”购物，会被产品的颜色、款式、设计所吸引，在购物时常常表达出如“有没有其他颜色”“有没有其他款式”“这个颜色会不会显黑啊”等话语，内容通常与产品的外观相关。

2. 他们通常语速比较快，表达欲望比较强烈，情绪容易激动，肢体语言也比较丰富。

对于视觉系客户，销售员多使用一些视觉系的句子或词语，如“这款大衣修身时尚，您穿起来肯定高贵大方。”“您可以看看这个说明书和图片展示，上面会呈现一些细节。”“穿上这件裙子，您肯定明艳动人。”“这个颜色的衣服您穿起来，气色变得更好了。”等，形象化地向客户展示产品，更易引人入胜。

销售员小A在给客户推销一款大衣时，从大衣的布料、颜色、款式等方面都进行了介绍。客户确实有购买的欲望，不断称赞衣服款式挺时尚新颖，可还是因为某些原因处在纠结的状态中。

小A于是说：“我看您肤色很白，身材比例也好，这件大衣您穿起来肯定脱俗、明亮。”

客户明显被说动了，于是小A乘胜追击：“要不您试一下吧，看看感觉。”

客户试了一下产品，确实如小A所说的那样。这件大衣很衬自己的气质，长度也刚好，颜色也是自己喜欢的，腰间设计也让整体的身材比例更好看。于是，很爽快地就付钱购买了。

从这个案例可以看出，客户是视觉系，因此销售员小A使用了视觉系客户爱听的语言，如“肤色很白”“脱俗、明亮”等，引导客户体验产品。

②听觉系客户购物特点及应对策略

销售工作 Tips

听觉系客户购物的特点

1. 他们用“耳朵”购物，会主动并不断询问销售员以获得更多的信息。

2. 为了能够让销售员了解自己想问什么、想要了解什么，听觉系客户的表达比较富有条理性。例如，当听觉系客户想要购买一款洗衣机时，会不断地询问销售员产品如何使用、如何操作、如何组装、如何保养等问题，向销售员寻求答案。

3. 听觉系客户的声音富于变化，往往抑扬顿挫。

面对听觉系客户，销售员可以根据产品的特点、功能和属性等从听觉方面对产品进行介绍，如“这款音响的声音很棒，特别立体、饱满。”“这个产品出来的声音就像是百灵鸟的叫声一样。”“这个耳机出来的声音特别保真。”等。

③触觉系客户购物特点及应对策略

销售工作 Tips

触觉系客户购物的特点

1. 他们习惯用“手”购物，喜欢感受产品的质地、材料等，感受产品的柔软度和舒服度，以形成对产品的判断。

2. 触觉系客户说话语速偏慢，他们常常会边触摸产品边说话。

3. 触觉系客户在说话时常有停顿，语气也偏向于沉稳。

对于触觉系的客户，销售员在描述的时候，多使用一些触觉系的句子或词语，如“这款毛衣很亲肤，摸起来很舒服。”“这个布料很凉爽，穿起来很舒服。”“这个围巾戴起来好温暖呢。”等。

（3）促成成交

当客户体验到产品的价值之后，会对产品形成真实的感受。例如，感受到了产品的效果好、柔软舒服，此时客户会进行自我说服：“这产品确实挺不错，摸起来很舒服。”这时销售员还要做好一个工作，就是使用一些成交话术，为最终成交再添一把柴。

销售工作Tips

体验成交的话术

“张小姐，这款围巾您围起来时尚靓丽，要帮您包起来一条吗？”

“这款按摩椅能够极大地缓解筋骨劳累，您刚才也感受到了，您对它还满意吗？”

“这款音箱声音柔和悦耳，听起来很舒服，您觉得呢？”

“我很少看见有人能将青绿色穿得这样好看，您自己在镜子里看看，真的很好看。这款裙子现在也只剩下这一件了……”

值得注意的是，销售员在使用话术时要看准时机，当客户夸赞产品或对产品表露出欣喜、惊喜等神情时追加话术，效果更明显。

销售工作 Keys

让客户先体验再购买，不失为一种很好的促销术。

05 VIP成交：设定门槛，卖给特定客户

VIP是取单词“Very Important Person”三个首字母，译成中文是指“很重要的人”，简称为“会员”。VIP客户常常比普通客户享有更优厚的客户权益以及特权待遇。例如，VIP客户能够享受到VIP折扣、VIP专场活动、VIP主题party、VIP生日独有的生日折扣等，这些优惠政策和待遇诱惑着普通客户主动升级为VIP客户。

VIP成交法，即提供只有VIP客户才能享受到的更丰富的权益以及特权待遇，以此吸引客户，以促进成交。这里，VIP成交，含有两种意思，一种是如何与VIP客户成交？另一种是如何通过设置VIP政策，让普通客户想成为VIP客户而成交。

（1）如何与VIP客户成交

如何与本身就是VIP的客户迅速成交？这里我们介绍一个方法。当VIP客户到店购买产品时，销售员要及时告知VIP客户为其预留了产品，比如：“张先生，您是VIP客户，我们店到了一批新货，是您很喜欢的款式。我们特地给您留了一件，要看看吗？”“李女士，您是VIP客户，您喜欢的裙子到了新货，给您留了一件，要看看吗？”等。

在话术中要传递出两个信息点，第一是客户喜欢的产品；第二是特地为VIP客户留的。在销售服务中为VIP客户提供预留服务，VIP客户

享有优先购买权会促进销售成交。

（2）通过设置VIP政策，与想成为VIP的客户成交

销售员可以通过设置VIP政策，与想成为VIP的客户成交。例如，VIP客户购物执行优惠价（所有商品享有××折优惠）；参与各类活动有优先权；有专属的客服服务等。这些VIP政策会吸引那些着想成为VIP的客户。

我们看一个案例。

美国著名的连锁咖啡公司星巴克的会员设置了门槛，有等级之分。它的会员分成了三个等级，即银星级、玉星级和金星级。会员卡费是88元，会员享有配套的优惠券，包括：三张亲友邀请券，这个券可以在买单的时候买一再送一；一张早餐的咖啡券，凭这张券会员可以在早上去免费兑换一杯咖啡；一张升杯券，就是中杯可以升大杯，大杯可以升超大杯。

会员可以积分，消费每满50元，就可以积一颗星星。当积分达到5颗星星之后会员就可以从银星级会员升级为玉星级会员了，玉星级会员赠送一张生日券和买三送一券，但是这两张券不是当时就能拿到的，要在生日当天才可以领取使用。

当积分积累到25颗星星的时候会员就可以升级为金星级会员了，会得到一张周年邀请卡和买十赠一券，专属的会员金卡会以快递的形式送达会员的手中。凭借金卡每消费十次就可以获得一张咖啡邀请券。此外，会员卡的积分是一年一清，但是金卡会员可以享有保留一年的特权。

星巴克的会员等级服务让VIP客户能够享受到普通客户不能享有的优惠和折扣，将产品卖给特定的客户，使会员的成交量变大，生意更好。这就是设置VIP政策引导成交的好处，能够提高销售业绩，还能培养稳定且忠诚的客户群。

①设置门槛

销售方要提前设置好不同会员等级之间的门槛，如从会员2级升级为3级，需要客户消费满1000元。提前设定好门槛，把产品卖给特定的客户，然后把选择题交给客户去做。一般来说，客户都会做出有益于自己的行为。

> 客户A当前等级是铜卡会员，而客户看上的产品却是银卡会员才能享有折扣的。此时销售员建议：“A小姐，现在情况是这样的，您本身已是铜卡会员，但此商品是银卡会员才能享有折扣。这件大衣800元，您再购买满200元的产品就可以升级为银卡会员，享受此大衣的折扣。同时，银卡会员每次购物都会享有积分，积分达到一定标准，可以当成钱来使用。而且我们还有许多活动、优惠政策都是针对银卡会员的。每次有活动或是有优惠政策，我们都会提前通知银卡会员。”

我们来解读一下销售员的话语，一是明确地设定了门槛，即客户看上的产品是银卡会员才能享有折扣，而当前客户是铜卡级别；二是明确告诉客户追加购物满200元则可以享受到银卡会员所享受的优惠服务；三是明确传达办理了银卡会员会享有积分，同时能享受到更高一级的服务。

②主动提供VIP有优惠政策的信息

客户想升级为VIP客户的重要原因之一在于VIP客户能够享受到折扣、优先购买权等优惠政策。因此，销售员在面对购买意向强的客户时可以主动提供只有VIP客户才能享受到优惠政策的信息。一般客户面对价格优惠和VIP的优越感两大攻势，都会“缴械投降”立即提出想成为VIP。

> 客户去一家理发店做头发。理发师说：“张女士，您如果办理我们家的会员，此次染发享有7折优惠；另外您以后要想剪发、染发或做发型，都能凭借会员卡享有优惠。同时，您如果这次充值800元，我们再赠送您188元，特别划算。”
>
> 客户听到会员有双重优惠，于是很乐意地办理了会员。

上面案例中，正是因为销售员主动向客户提供了VIP会员有优惠政策的信息，让客户愿意立即成为VIP会员。因为客户一旦成为VIP会员，会享受到更多的优惠政策。这种行为会使得该客户以后持续在该店消费，并成为该店稳定且忠实的客户，从而为该店带来持续的收益。

值得一提的是，VIP成交法有一个优于其他快速成交方法的优点就是它能培养稳定的客户群，为销售方带来持续的收益，并且还能提升产品的形象，让产品形成良好的口碑。

销售工作 Keys

VIP成交法的关键，是让客户为VIP优惠政策和优越感所打动。

06 从众成交：用数据和案例说服客户

从众成交法也叫作“排队成交法”，是指销售员利用客户的从众心理说服客户，从而促成客户购买产品的一种成交方法。

不少客户在购买产品时，会受到从众心理的影响。一方面因为客户的潜意识觉得“大家都在购买的产品，质量一定很好”“别人都抢着购买的产品，一定差不了”，无形间增强了产品的说服力；另一方面当客户感受到这款产品受众人追捧时，比起相信销售员的说服，他们更愿意相信其他客户的眼光。

销售员在销售活动中，可以借助从众成交法，用数据和案例说服客户，实现快速成交。

（1）准备好数据和案例

使用从众成交法时，主要依据的是数据和案例，这些销售员都要提前准备好。

这里的数据主要是产品销量和产品余量。销售员可以公布产品已有的销量。越是销量大的产品越能给客户一种心理暗示，就是“既然这么多人都购买了这款产品，说明这是好产品”。销售员可以通过图表将产品销量展示给客户，同时，销售员要学会用产品余量来暗示客户此款产品卖得很火，如果不抓紧购买，此款产品就要售罄了。例如，客户看上了一款加湿器，却还在犹豫，作为销售员可以这样说："您真有眼光，这是本店目前最为热销的加湿器，平均每天要卖50台，在旺季时还需要提前预订呢！"。

这里的案例则主要指其他人购买、体验产品的故事。例如，"我们商场的老板也在用这款加湿器，据他说这款加湿器不但时尚美观，还很节能呢！""今天一个客户跑来回购了4台这款加湿器。原来是他们单位的同事看他用得好，都让他帮忙买一台。"等。

（2）发现有从众心理的客户

一般来说，客户在购物时会通过以下两种形式表现出从众心理。

一是会从言语上透露出来。有从众心理的客户往往会说："这件衣服你们卖得怎么样，有人买吗？""这款衣服好卖吗，你们卖了多少？""都是什么样的人买这些产品啊？"等。

二是会通过行为表现出来。有从众心理的客户会主动要求销售员带自己去看店里卖得最好的产品。或者当销售员主动给这类客户推荐店里卖得最火的一款产品时，客户不仅不会拒绝，还会饶有兴致地跟随销售员。在销售员进一步介绍产品信息的过程中，他们也会积极听取，并主动询问产品的相关信息。我们来看一个案例。

一位客户指着一件大衣问销售员李清："你们这件大衣卖得怎样，有人买吗？"

这时，李清知道了面前的客户是有从众心理的购买者，于是进一步推销："其实我们店里卖得最好的是另外一款大衣，昨天一天，就卖出了3件。”

客户被勾起了兴趣，眼睛一亮：“哦？我来看看。”

李清继续向客户推销：“这款大衣很是时尚，颜色是这个季度的流行色，很多年轻的女孩子都喜欢这款。您要试一试吗？”

在上面的案例中，客户主动询问一款大衣的销量，说明客户很在乎这款大衣是否受欢迎；当销售员向客户介绍另外一款卖得好的大衣时，客户的眼睛一亮，更验证了眼前的客户购物时会受从众心理的影响。销售员李清通过这两个特点准确捕捉到客户的从众心理后，推销时使用了“流行色”“很多……都喜欢”的关键表达，以激发客户的购买意愿。

因此，销售员在向客户推销的过程中，一旦发现客户在言语或行为上表现出来从众心理，就可以积极使用数据和案例去说服客户，让客户能放心购买。

（3）善用成交话术

一旦确定客户具有从众心理，销售员就要及时抓住机会，使用一些成交话术，尽快促进成交。

销售工作 Tips

从众成交法话术

“这款产品，有位客户又来买了3件（暗示之前购买过）……”

“这款产品的销量昨天又破了一个新纪录……”

"现在大家都在抢购/讨论这款产品……"

"我们这款产品在20个市级以上的地区的销量已经超过了200万件……"

"这款产品这个季度已经卖掉了10万件，其中还有许多回头客……"

"我们这款产品马上就要卖断货了，现在第2批新货也就只剩下50多件。想要购买的客户要抓紧了……"

"这件衣服是今年最流行的款式，已经卖了很多件了……"

需要强调的是，如果遇到个性较强、喜欢表现自我的客户，从众成交法会起反作用，这种情况下，销售员需要灵活应变，改用其他销售策略。

销售工作 Keys

你推荐的产品销量越高，就越具有信服力。

07 稀缺成交：设置限量、限时、限优先

人们在购买产品时，如果受到“再晚买不到了”“这款产品不多了”等心理的暗示，会更迫切地想要得到这件产品。产品越稀缺，越容易激发人们想要占有的心理。

销售员可以抓住客户的这种心理，为产品设置限量、限时、限优先等条件，激发客户产生“再不买就买不到了”的紧迫心理，加速销售成交。

（1）限量

限制购买数量进行促销是销售员常常使用的促销方法，通过限制购买数量、需要提前订货、提示余货不足等方式显示出产品的稀缺性，而受到“再不买就买不到了”“我一定要成为拥有这款产品的少数人之一”等心理的影响，客户会做出有益于销售活动的积极思考。

例如，知名品牌LV新上一款包包时，常常只接受提前预订，且限量销售。每款新包限量××个，以至于每次都出现供不应求的现象。所以，对于一些“限量”的产品，在成交阶段，抓住客户“物以稀为贵”“全球只有三个人拥有”等心理进行说服，是至关重要的。

销售工作Tips

限量成交法的话术

“只剩一件展品了，如果您想要我们这款大衣的话，那您要提前预订……”

“这款××产品我们店内每天只供应5份，迟了就没有了哦！”

“这款鞋子全球只供应××双，您想要的话得抓紧了！”

销售员在使用限量促销技巧时，要明确地营造出“买到这款产品我就成为与众不同的那一个”“如果现在不买，就只能与这款产品擦肩而过，看着别人享受它”等情绪氛围，让客户自发产生紧迫感，因担心“买不到”而想立即成交。一般来说，客户对产品的喜爱程度越深，紧迫心理就越强烈，成交的可能性也就越大。

（2）限时

限制时间成交法一般是指，商家在某个限定的时间段开展优惠活动，即在指定时间购买才能享有优惠，或通过限制产品供应时间的方式来催促客户赶紧作出购买决定。

前者是抓住了客户想要获得优惠或者想要占便宜的心理——“过了这个时间段就买不到这么便宜的了”。例如，“今天是我们的店庆活动时间，为了回馈广大客户一如既往的支持，所有产品一律9折。这个活动仅限今天，明天就没有了。想要买产品的客户一定要抓住今天这个好时机……”客户一般听到这类限时优惠时，即便内心没有特别想要购买的产品，为了不浪费掉这次“占便宜”的宝贵机会，都会想选购一两件产品。

后者则是激发客户失去的痛苦——“错过这个时间段就再也买不到了”。例如，客户想买螃蟹，但由于应季的螃蟹价格昂贵，客户有些舍不得。此时销售员可以说：“虽说一年四季都有螃蟹吃，但是秋天才是吃螃蟹的最好季节。这个季节的螃蟹黄肥膏白，口感丰腴滑润。错过这个时间点可就买不到这么美味的螃蟹啦！”客户一听到“错过这个时间点可就买不到这么美味的螃蟹”，加之自己确实很想吃螃蟹，“立刻购买”的冲动就会战胜对价格的犹豫。

销售工作 Tips

限时成交法的话术

“我们的优惠活动截止到今天，明天我们就不开展优惠活动了……”

“从下个星期开始，我们会上调产品的价格。先生/小姐，您如果现在购买的话，会省下一笔可观的费用呢！”

“今天是我们店的周年庆活动时间，所有的商品一律享有10%的优惠，不管什么产品，都可以享此优惠……”

“您如果今天就下单的话，我们还会有礼品送，明天购买的就没有了……”

“这款产品我们只在周一上午的8:00—9:00销售一个小时，过了这段时间，我们就不供应了……”

（3）限优先

限优先成交法的做法一般是限定前××名的客户、VIP客户等可以优先购买产品，或者是优先购买到产品的客户能够享受到更多的优惠、服务等。限定优先权能够激起客户“先行一步买到产品”“只有我这样的身份才能买到”等心理。

销售员在使用限优先成交法推销产品时，要注意以下两点。

一是表达出优先购物是有好处的，如可以打折、优惠购物、赠送礼物等；

二是承诺的要做到，如承诺要给客户一些优惠、折扣等，说过的就要兑现。

销售工作 Tips

限优先成交法的话术

“前100名购买的客户，我们会送大礼包……”

“前50名订货的客户，会享受9折优惠……”

“前20位购买我们这款××产品的客户，享‘买一送一’政策……”

“VIP客户享有优先购买××产品的权利……”

销售工作 Keys

限量、限时、限优先，让客户内心焦灼起来。

第 8 章

完美收尾：回顾重点，保持沟通

01 要点回顾，强化客户对产品的印象

即便是客户已经明确了购买的决定，销售员也不可掉以轻心，以免客户临时改变主意。

在收尾阶段，销售员的重点工作，就是要点回顾，以强化客户的印象。这也十分符合心理学上的“重复定律”，即任何的行为或思维，只要你不断地重复就会不断地得到加强。在销售过程中，如果你不断地重复一些于产品有利的语言或行为，它们就会在客户的潜意识里不断地被加强，进而让产品得到客户的认可。

销售员要积极使用重复定律，对产品能满足客户需求的特点进行反复说明，使它在客户的头脑中形成清晰的印象，促使客户深度认同产品，从而让客户把购买的决定转化为行动。

（1）要点回顾一：产品的效用

客户购买产品是基于一定需求的，如求美、求实，即便是购买同一款大衣，客户也会有不同的购买目的，如有人是出于保暖的目的，而有人是出于时尚的需求。这就要求销售员在做要点回顾时，紧抓客户的需求进行产品效用强化。

客户出于保暖的目的而购买一款围巾。进入销售后期时，销售员要这样进行要点回顾："围巾您刚才也试了试，是不是觉得这款围巾很亲肤、保暖，能满足您的需要？我记得您一开始就说想要购买一款羊绒质地的围巾，这款围巾就是由羊绒制作的……""这款围巾特别能满足您对保暖的需求，您看这材质，特别抗风……"强调产品所具有的效用。

在实际销售工作中，经过销售员的提点，客户会回想起自己购买产品的目的。销售员可以巧妙地使用"我记得您一开始就说想要……""您一开始提到……"等带客户一起回顾要点，向客户反复说明产品能满足客户需求的产品特质，如抗风、耐磨损等，以加深客户对产品的印象。

（2）要点回顾二：客户在意的"点"

销售员在销售过程中，要紧抓客户在意的"点"，并在收尾阶段就客户在意的"点"进行着重说明，以强化客户对产品的印象。

例如，销售员在与客户接触的过程中，发现客户总是在强调"价格"这个点，说明客户很在意产品的价格。而客户看上了一款产品却又没做出购买的行动时，销售员可以说："这款产品的性价比很高。您刚刚也看了不少其他产品，也就您手里选的这款产品最物美价廉……"简单的一句话，就可以让客户对所选产品产生好感，打动客户的心。

（3）要点回顾三：购买产品的意义

有不少客户购买产品是为家人或他人购买。例如，一个年轻人想要给家里的长辈购买一款按摩椅，当他选定一款产品却没有最终作出购买决定时，销售员可以这样来加深他对这款按摩椅的印象："这款产品能达到您的购买目的，因为它简单好用，特别适合老年人。您应该对刚刚试坐时的美妙感受印象深刻，相信您也觉得这款产品确实用起来很舒服。您想想如果您购买这样一款好用的按摩椅，送给家里的长辈，不仅能舒缓他们劳累的身体，还能……"

销售员可以通过强化客户购买产品的初衷或意义，来加深客户对产品的印象，进而促进成交。在上面这段强化客户印象的话术中，销售员一方面用产品的功能强化客户对产品的印象，另一方面从产品的购买意义来引导客户明确自己的购买初衷，对产品迅速建立好感，形成认可。

总之，在收尾阶段，销售员第一步需要做的就是要点回顾，强化客户对产品的印象。在客户想要成交的时候，加一把火，推动其作出购买的决定。同时需要注意的一点是，要点回顾不是抓住自己认为重要的"点"，而是根据客户对产品的需求心理进行强化，并使用有效的说服语言。这样才能达到强化的目的，达到预期的效果。

销售工作 Keys

善用"重复定律"，定能得到客户的深度认可。

02 表达感恩，将情感留驻客户心中

不少销售员在产品销售出去的那一刻，就丧失了对客户的热情，因为这单生意已经成交了。其实不然，即便产品销售出去了，销售员也要向客户表达感恩，积极与客户建立真诚友好的关系。这时候你的感恩不仅会赢得客户的好感，还有助于建立下一次的销售关系。

销售员李洋总是受到客户的称赞，其中最重要的原因就是李洋常常向客户表达感恩。例如，在年末时，李洋总是会给客户邮去明信片。上面写着："非常感谢您给我的每次机会，愿意听我说话，并购买我的产品，谢谢您的信任。再次表示感谢，祝您生活美满！"

收到明信片的客户那一瞬间心田涌起一股暖流……

这就是向客户表达感恩的力量，能够将情感留驻在客户的心中，此时销售不仅是产品之间的流转，还变成了人与人之间的往来。当客户对你产生了有别于销售员这个身份的感情时，你建立的情感就会成功地留驻在客户的心中，此时客户会更乐于跟你保持长久的关系，展开真诚的交流。

（1）口头感恩：真诚地传达自己的感谢

当客户决定购买时，销售员可以直接口头表达感恩。

销售工作Tips

口头表达感恩话术

“感谢您选择了我们的产品，相信我们这款产品能给您带来美妙的体验，希望您使用开心。”

“如果您在使用产品的过程中遇到什么问题，可以及时跟我们联系哦。再次感谢您的选择，我们会做得更好的。”

“感谢您一直以来对我们的支持，我们会提供更精良的服务……”

“非常感谢您对我们的信任，我们也向您保证我们的产品值得您信任……欢迎您下次再来。”

口头感恩能让客户感受到你的真心诚意，觉得你负责认真，进而愈加坚定自己购买的信心。需要注意的是，销售员在表达口头感恩时要充满诚意，不能让客户觉得你只是在照本宣科地念台词。

（2）物质感恩：给予客户一定的福利

除了口头向客户表达感恩，物质感恩也是一种有力的手段。当客户享受到高于产品本身的超值服务时，会极大地提升对产品及服务的好感。

例如，客户购买了一套沙发，销售员赠送给客户一套质量上乘的沙发套，这样表达效果会不错：“其实这套沙发套是购买产品价值金额达8000元才赠送的，但今天跟您聊得很投缘，想要赠送给您一套，也十分感谢您选择我们家的产品。”客户得到本不属于自己的福利，一定会很高兴，进而对销售员本人和店铺产生更深的信赖。

除了赠送客户赠品外，销售员也可以设计一些其他的福利。例如，让客户免费享受店内的某些优质服务、给予客户特定产品的优惠券、给予客户某些产品的折扣券等，以物质的形式向客户表示感谢。

需要注意的是，销售员表达物质感恩时，要适度适量。凡事过犹不及，不是给得越多就越好。一般来说，给出的礼物价值金额是客户所购买产品价值金额的十分之一左右即可。

（3）通知活动：及时告知客户店内活动

销售员可以在店内举办活动时，以发送短信等方式告知客户店铺内的优惠活动，让客户感受到自己得到了重视。举个例子，销售员的店铺到了一批新货，又正好是某位客户喜欢的款式，销售员就可以短信通知他：“您喜欢的××款最近来了一批新货，这是您比较喜欢的款式，有时间可以来看看。”向客户表达自己的关注和留心。

总之，表达感恩与感谢也是销售员完美收尾的重要一环，能够让客户在购得产品之后有种良好的体验。销售员在向客户表达感恩的时候，可借助口头感谢与物质感谢，将情感留驻客户的心间。

销售工作 Keys

你的感恩会让客户感动，同样客户也会展现出自己的感激。

03 发表展望，引导建立深层关系

在销售领域内，有一个“二八原理”，即80%的业绩是由20%的客户带来的。同时，销售中还有一条黄金法则，就是“开发10个新客户，不如维护好1个老客户”，因为每成交一个老客户的转介绍难度是自己去开发一个新客户难度的1/5。

因此，在销售收尾阶段，还有一个很重要的任务就是发表展望，引导客户与自己建立深层关系。

（1）表示下次合作有折扣、优惠等

销售员在与客户打交道时，自始至终要带着正面情感做销售工作，即销售过程中向客户展现出自己的关怀、真诚与尊重。尤其在收尾阶段，要积极发表展望，以引导双方建立深层关系。

> 客户心满意足地购得一条连衣裙，准备离店。此时销售员小C对客户说：“今天跟您聊天非常愉快，希望您以后多多来我们的店呀！下次您来，我给您打折哦！”

只是简单的一句话，销售员小C表达了两个关键信息：

一是向客户表达跟她相处的这段时间很愉快，有助于客户对销售员建立好感，也为下面发表展望做了铺垫，让建立深层关系更加自然。

二是发表展望，引导客户与自己建立深层关系。对于“下次来可以打折”这样的展望，一般情况下客户是不会拒绝的。

（2）表示以后免费帮客户解决一些问题

销售员也可以借助为客户提供免费帮助的方式发表展望。

> 客户购买了一款护肤品，在购买产品之余，销售员为客户修了一对漂亮的眉形。在客户离店之际，销售员说：“下次您的眉毛如果长出来了，可以再来我们店里啊，我再免费给您修！”

或者是销售员帮助客户解决了一个很困扰的问题后发表展望。

> 客户的脸上长有痘痘，用了很多办法却也不见好，刚好销售员对此有研究，给客户提供了一个解决办法，并推荐了适合客户肤质的护肤品。当客户成功购得护肤品之后，销售员告诉客户：“按照我刚刚跟您说的办法，可以有效地解决痘痘的问题。如果您有关于皮肤保养方面的问题，欢迎再来我们店哦，我给您解决。”

短短一句话，就向客户发表了展望，引导客户与自己建立深层关系。

（3）送客户一个小礼品，督促其“以后常联系”

除了借助价格折扣、提供帮助来发表展望外，销售员还可以在收尾阶段借助赠送纪念品、礼品来发表展望。

> 客户购买完产品准备离店时，销售员喊住客户，赠送给了客户一个精美的小礼品，同时发表展望：“今天跟您很投缘，我特别喜欢您这样性格爽快的人，送您一个小礼物聊表心意，下次有什么需要，尽管来找我。以后常联系哦！”

没有人会拒绝礼物，所以，当销售工作结束之后，销售员赠送客户一些小礼品，不仅会让客户心生愉悦感，还会让客户的这段购物经历“美化”，同时也会令大多数客户愿意“以后常联系”。

（4）表示下次上新款通知客户

借助上新款来发表展望，引导客户与自己建立深层关系，也是一种很好的方式。

> 当客户成功购得一双鞋子后，销售员可在收尾阶段抓住时机说：“我刚才听出来您很喜欢这个品牌的鞋子，每次到了新货都要看看。您看这样可好，我们相互留个联系方式，下次等我们店里到了新货，我立马联系您。”

一般来说，只要客户是真正喜欢这款产品，就不会拒绝销售员的建议，甚至会很乐意地留下自己的联系方式。这样一来，销售员引导对方与自己建立深层关系的目的也就达到了。

总之，销售员要想发表展望，引导客户与自己建立深层关系，就一定要创造能发表展望的机会。

销售工作 Keys

与客户建立深层关系，让业绩呈N次方增长。

04 完善售后，始终和客户保持沟通

不少销售员把一段销售关系的结束定义在产品销售出去的那一刻，但是对于销售精英来说，一段销售关系会维持在提供完善、长期的售后服务中。

很多销售事实证明，售后服务是否完善，不仅关系到产品形象、产品公司的声誉，更关系到客户是否会再次购买自己的产品。销售员提供完善的售后服务不仅体现了销售员认真负责、诚信解决问题的态度，还能极大地赢得客户的好感，有利于双方保持长久忠诚的合作关系，甚至还会激发客户主动转介绍。

如果客户遇到问题向销售方反馈，销售员3天后甚至1周后才回复，会十分影响客户的心情，会阻碍双方积极关系的建立。因此，销售员要提供给客户有效的联系方式，如自己常用的电话号码、微信号、QQ号等，以便客户能随时找到自己。

（1）保持真诚沟通

提供完善的售后服务，第一需要做的就是真诚地去沟通，要抱着帮助客户解决问题的心态，而不是客户麻烦找上门的心态。有的销售员在客户付款之前常常就售后服务作出保证，但是等真正发生问题时，却又找各种理由来推卸责任，甚至用一句万能的“最终解释权归

产品方所有”来搪塞一切。这不是一种真诚沟通的态度。

真诚沟通需要做到以下两点。

一是保持倾听。销售员要对客户反馈的问题保持耐心，给予客户阐述问题的时间，不能一听到对产品半点不利的语言就要反驳，急着为自己的产品说话。这种表现从客户的角度来看，就是在推卸责任。

二是保持理解。销售员在应对客户提出的售后问题时，要对客户的心情和情绪持尊重、理解的态度，而不是抱着“事不关己，高高挂起”的态度。例如，用“如果我是你，遇到这样的情况也会气愤。”“如果是我，我也很着急。”等类似话语，积极地与客户站在同一个位置，建立良好的互动关系。在客户反映问题时，保持理解是十分重要的做法，能有效地缓解客户的坏情绪。

（2）迅速解决问题

在客户提出有关售后的问题后，销售员要迅速地帮助其解决问题。

第一，时间要迅速。一般来说，销售员要在24小时之内为客户解决问题，就算因为问题复杂而解决时间较长，也要给客户作出一个保证或承诺。一是保证能够给客户解决掉问题；二是给出大致的时间，如3天、7天、15天，而不要让客户漫无目的、毫无止境地等待下去。

第二，及时反馈并始终保持联系。如果问题处理的周期较长，销售员还要做好反馈工作，随时跟客户汇报问题处理的进度。一方面能够缓解客户焦虑的心情，另一方面也展现出销售员认真负责、把客户的利益放在心上的态度，从而让客户放心，对产品或服务形成好感。

当销售员既能做好时间上的把控，又能及时反馈，始终跟客户保持联系时，能极大地安抚客户的不良情绪和坏心情。

（3）关注客户利益

销售员提供的售后服务要把“关注客户利益”放在首位，以了解客户需求、解决客户问题、帮助客户为核心导向。具体来说，要遵循“四个原则”。

原则一：产品可换可不换时，以换为主。例如，客户购买了一件价值10元的产品，因为他自己操作不当，产品损坏了。此时，客户坚持要更换坏掉的产品。这种情况下，销售员其实是可以拒绝的。但“关注客户利益”的销售员，会选择无条件同意客户的更换请求。这么做主要是因为产品的价值不大，即使是公司或销售员因为换产品而遭受损失，也在可承受的范围之内。但是，如果该产品价值上万元甚至几十万元，那就不在“可换可不换”的行列了。

原则二：产品可退可不退时，以退为主。例如，销售员承诺“7天内无条件退货”，即便客户在第6天要求退货，销售员也要满足客户的要求。

原则三：分不清是谁的责任时，要以己方责任为主。例如，产品在运输的过程中出现破损等情况，这时销售方要主动承担责任。即便中间存在争议，也是销售员需要与运输方处理其中的问题，而不是让客户去承担这个结果。

原则四：客户损失销售方可承担可不承担时，选择承担损失。在保证自己基本利益的前提下，针对无论承担与否都无伤大雅的损失，销售员要贯彻“吃苦是福”的方针，不要计较一时的、微小的利益而破坏客户对自己的信任。

销售员在处理售后问题时，不仅要处理问题，还要学会处理客户的心情。让客户内心由不满意到满意，再由满意到心生好感，再由好感转换为甘愿成为产品的宣传者、销售员的合作伙伴。

销售工作 Keys

与客户保持联系，用完善的售后服务赢得客户的忠诚。

后记

POSTSCRIPT

经过1年多的努力，我终于将自己在销售领域多年的经验整理成册。在创作这本书的过程中，我感慨诸多。

销售工作从表面上看是所售产品的流转，其实更本质的是人与人之间的互动。要想把产品卖出去，你必须要让对方信服，第一信服的是你的个人，而销售员的个人形象则主要通过“说话”展现。这也就道出了为什么我们这本书把主题定位在“会说话”上。会说话是一种能力，更是一门艺术。不少销售员对此很苦恼，说不好、不会说、说不到点、没内容、无重点、难以打动人心等，这些是不少销售员不能言说的痛。写这本书的目的就是想帮助读者朋友们攻克这些难关。

真正做好了销售这份职业的人，一定是个聪明、善于学习、不断坚持、踏实努力的人。同时，销售工作涉及语言学、心理学、人际关系学、管理学、社会学等多门学科，内容精深复杂，因此业绩好的销售员也一定要洞悉销售语言里面的学问和技巧，这些都需要销售员付出努力。在摸清客户心理需求的基础上，运用得体的专业语言与客户交流沟通，直至销售成交。这并不是一件很轻松的事情。

能够集自己所知和经验给读者朋友们一些帮助和启示，这便是本书存在的最大意义。同时，我也深刻地感受到，无论我们从事什么职业，都要保持一颗学习、进取的心，增强自己的学习力，保持精进，才能不断地在一份职业上行进下去。

销售看似是一份人人都能做的职业，但是要想把它做得出色、业绩亮眼，绝对需要你付出百万倍的努力，它会不断地磨炼你的意志力。只有坚持并不断学习的人，才能获得长足的发展。

在这里，我想向给予我支持的家人、同事和编辑朋友致以最诚挚的感谢，他们的支持工作使这本书更为平实、亲切、有用。同时，也祝愿读者朋友们生活美满、事业进步！

推荐阅读

一本书把高情商表达的细节解读到位！

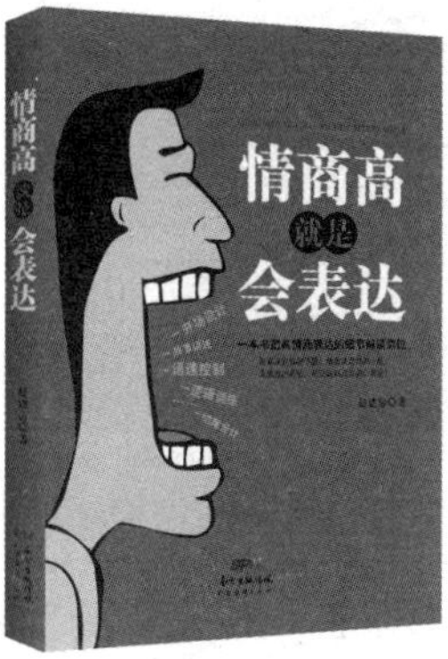

书名：情商高就是会表达
作者：赵建房
书号：978-7-5454-6113-8
定价：42 元
出版日期：2018 年 4 月
出版社：广东经济出版社

资深培训师手把手教你源源不断出单的高招！

书名：引爆成交：二手房这样卖最出单
作者：闵新闻
书号：978-7-5454-5199-3
定价：42 元
出版日期：2018 年 4 月
出版社：广东经济出版社

360 度打造电商销售金口才！

书名：电商销售妙语口才与心理策略
作者：高瑞霞，汪磊，袁振
书号：978-7-5454-5240-2
定价：42 元
出版日期：2017 年 3 月
出版社：广东经济出版社

洞悉惊人效率背后的魔鬼工作法！

书名：华为高效工作法
作者：冯南石
书号：978-7-5454-5755-1
定价：45 元
出版日期：2017 年 11 月
出版社：广东经济出版社

推荐阅读

实战派培训师手把手教会你当众演讲！

书名：演讲是个技术活：这 8 招“狠”管用
作者：陈权
书号：978-7-5454-6433-7
定价：48 元
出版日期：2018 年 11 月
出版社：广东经济出版社

马云叱咤商界的 11 条人生哲学！

书名：马云：我的 11 个生存哲学
作者：申草泥
书号：978-7-5454-4936-5
定价：45 元
出版日期：2017 年 1 月
出版社：广东经济出版社

系统解读任正非和华为之谜的实力之作！

书名：任正非的真实世界：中国第一民企华为成长内幕
作者：魏昕　饶威祥
书号：978-7-5454-3580-1
定价：45 元
出版日期：2014 年 11 月
出版社：广东经济出版社

系统解读董明珠和格力之谜的经典之作！

书名：霸气女皇董明珠：全球最大空调企业格力成长内幕
作者：魏昕　刘云菲
书号：978-7-5454-4588-6
定价：48 元
出版日期：2017 年 10 月
出版社：广东经济出版社